패션은 유행, 커리어는 소신

BRC 내비게이션으로 기준을 세우다

저자 정승기

서언

시작에 앞서서

패션 업계에서 "이번 시즌은 잘될 것 같습니다."라는 말만큼 조심스러운 문장이 있을까. 시장은 늘 바뀌고, 소비자는 더 빨리 바뀌고, 숫자는 잔인할 만큼 솔직하다. 어제의 히트가 오늘의 실패가 되는 곳이 패션이다. 그래서 우리는 매 시즌 다시 시작한다. 그리고 그 반복이 어느 순간 커리어가 된다.

지난해 연말 방영된 드라마 「서울 자가에 대기업 다니는 김 부장 이야기」를 보면서, 나는 이상하게도 낯설지 않은 기분이 들었다. 제목만 보면 성공담 같지만, 내용은 현실 그 자체였다. "저거 내 얘기인데?"라는 말이 나오는 이유는, 직장 생활이 결국 어느 업종이든 비슷한 본질을 갖고 있기 때문일 것이다.

특히 주인공 김 부장이 임원 승진을 위해 버텨 내는 과정은 노력이라는 단어로는 부족했다. 생존 게임에 가깝다. 패션 현장도 크게 다르지 않다. 샘플이 막판에 뒤집히고, 납기가 밀리면 일정이 무너지고, 원가가 오르면 마진표를 다시 펴야 한다. 미팅에서 한 문장으로 방향이 바뀌고, 매장에서는 행사와 클레임이 동시에 터진다. 그 와중에도 우리는 웃어야 하고, 숫자를 만들어야 하고, 다음 시즌을 준비해야 한다.

그렇다면 현실에서 대기업 부장들이 임원이 될 확률은 얼마나 될까. 한 연구 조사 기관에 따르면 2023년 기준 30대 그룹 184개 상장사를 대상으로 직원 대비 임원 비율을 조사한 결과 115명당 임원 1명(0.87%) 수준이라고 한다. 같은 자료에서 상무, 전무, 부사장, 사장으로 갈수록 확률은 더 낮아진다. 결국 '임원이 된다'는 건 100명 중 1명, '사장까지 간다'는 건 1만 명 중 2명쯤의 이야기다. 물론 통계는 평균이고, 회사와 시기에 따라 달라질 수 있다는 점은 감안해야 한다.

그런데 나는 요즘 이 숫자를 '대단하다'는 의미로만 보지 않는다. 오히려 '여기까지 오면서 얼마나 많은 사람들이 중간에 소진됐는지'가 먼저 떠오른다. 그리고 더 솔직히 말하면, 나도 그 소진의 순간들을 여러 번 지나왔다. 체력보다 마음이 먼저 닳는 날들이 있었고, 일은 계속 굴러가는데 내 안의 기준이 흔들리는 날들도 있었다. 성과를 내는 사람은 많은데, 끝까지 자신을 잃지 않는 사람은 생각보다 적다.

그래서 나는 어느 순간부터 스스로에게 같은 질문을 던지게 됐다. "나는 지금, 나답게 일하고 있는가." "나는 후배들에게 어떤 상사가 되고 있는가." "지금의 선택을 1년 뒤, 3년 뒤에도 설명할 수 있는가."

임원이 된다는 건 단지 직함이 바뀌는 일이 아니다. 중요한 프로젝트의 결정권이 생기고, 조직 내에서 인사권을 포함해 책임의 무게가 달라진다. 패션에서는 그 결정이 더 적나라하게 숫자로 증명된다. 히어로 아이템을 끝까지 밀 것인지, 시즌 중간에 방향을 틀 것인지, 할인율과 물량을 어디까지 감수할 것인지, 백화점·온라인·아울렛·면세 채널에 어떤 전략으로 상품을 배치할 것인지…. 그 선택들이 결국 매출과 이익으로 돌아온다.

부담은 크지만, 반대로 말하면 내 판단이 조직의 결과로 구현되는 자리이기도 하다. 나는 그 책임의 무게가 싫지 않았다. 다만 그 무게를 견디는 방식은, 생각보다 '기술'이 아니라 '태도'에 달려 있다는 걸 늦게 배웠다. 결국 사람을 움직이는 말, 조직을 지키는 기준, 위기에서 무너지지 않게 만드는 습관이 성과보다 먼저였다.

돌이켜 보면 나는 1994년 첫 직장 ㈜크레송에서 MD로 일을 시작해, 지금까지 30년 동안 패션 한 분야에 몸담아 왔다. 미국 유학을 통해 꿈꾸던 미국 패션 회사에서 일했고, 한국으로 돌아와 기획과 영업으로 경력을 확장해 나갔다. 그리고 2006년 MCM에서 임원이 되었고, 그로부터 6년 뒤 대기업 상무로 승진해 꿈꾸던 '별'도 달았다. 그렇게 다시 15년이 흘러, 이제 나는 은퇴를 바라보는 나이가 되었다. 요즘은 자주 생각한다. '이제 또 무엇을 하면 좋을까.'

앞으로 어떤 일이 펼쳐질지 알 수는 없다. 다만 지금 이 시점에서 내가 해야 할 일이 있다면, 지나온 시간을 정리하고, 현장에서 얻은 경험을 후배들과 나누는 것이라고 믿는다. 내가 이 글을 쓰는 이유는 거창하지 않다.

누군가에게 '정답'을 주기 위해서가 아니다. 다만 현장에서 살아남느라 너무 바쁜 후배들이, 자기 자신을 놓치지 않았으면 좋겠다. 성과를 내느라 마음이 거칠어지는 순간에도, 사람을 대하는 태도가 무너지지 않았으면 좋겠다. 그리고 어느 날 "내가 왜 이 일을 시작했지?"라는 질문 앞에 섰을 때, 다시 돌아갈 기준 하나쯤은 손에 쥐고 있었으면 좋겠다.

패션은 매 시즌 새로 시작하는 산업이다. 그래서 더 쉽게 흔들리고, 더 빨리 지친다. 하지만 이상하게도, 시간이 지나도 바뀌지 않는 것들이 있다. 결국 남는 건 숫자만이 아니라 사람이고, 성과만이 아니라 평판이며, 실력만이 아니라 태도다. 나는 그 당연한 사실을, 당연하지 않은 순간들에서 배웠다.

그래서 이 글을 쓰기로 했다. 나도 흔들렸고, 실수했고, 때로는 후회했기 때문에. 그럼에도 다시 정리해 두면 누군가의 시행착오를 조금은 줄일 수 있을 것 같아서.

이 책이 누군가에게 '나도 다시 해 볼 수 있겠다.'라는 마음을 주는 작은 기준점이 되기를 바란다. 이제, 첫 장을 열어 보려 한다.

2025년 12월 24일 크리스마스이브, 분당 서현도서관에서

저자 정승기 드림

목차

Part Ⅰ

항해 일지

Part II

진간장 루트

Part III

네비게이션 설정

Part IV

실전 운항 전략

Part V

캡틴이 내다본 현장

Appendix

Career Play

Intro

여행을 떠나기 전날 밤, 이상하게 잠이 잘 오지 않을 때가 있습니다. 공항으로 가는 길의 새벽 공기, 체크인 카운터 앞의 소란, 탑승 게이트에 찍히는 출발 시간, 그리고 손에 쥔 보딩 패스 한 장. 비행기든 배든 출발 직전의 그 미세한 떨림은 늘 비슷합니다. '어디로 가게 될까.'보다 '이번엔 어떤 파도를 만나게 될까.'가 먼저 떠오르는 순간. 커리어도 저는 그와 닮아 있다고 생각합니다. 출근은 반복이지만, 인생의 항로는 결코 반복되지 않으니까요.

커리어를 단거리 경주로 착각하면 우리는 늘 숨이 찬 상태로 달립니다. 성과를 내기 위해 더 빨리, 더 많이, 더 높이만 바라보게 되죠. 하지만 현실의 커리어는 100미터가 아니라 항해에 가깝습니다. 바람은 수시로 바뀌고, 파도는 예고 없이 높아지며, 같은 항로가 내일도 안전하리란 보장은 없습니다. 결국 중요한 건 '순간의 스퍼트'가 아니라 '항속', 즉 오래가는 힘입니다.

요즘 기업들이 체질을 바꾸는 이유도 결국 하나입니다. 단기간 숫자만 키우는 방식으로는 오래 버티기 어렵다는 걸, 시장이 먼저 증명했기 때문입니다. 사람도 그렇습니다. 무리한 확장보다 건강한 속도, 순간의 승리보다 일관된 기준, 감정의 폭발보다 회복 탄력성. 결국은 지속 가능성이 성과를 만든다는 단순한 진실로 돌아옵니다. 멋진 구호가 아니라, 매일의 선택이죠.

저는 패션 현장에서 30년 가까이 이 진실을 반복해서 확인했습니다. 패션은 유행이고, 유행은 늘 변합니다. 어제의 정답이 오늘의 부담이 되기도 하고, 한때의 성공 요인이 어느 순간 비난의 화살이 되기도 합니다. 시장의 기류, 조직의 역학, 상사의 스타일, 동료의 온도, 소비자의 시선은 매번 다르게 흔들립니다.

그런데 이상하게도, 끝까지 버티며 앞으로 나아간 사람들의 공통점이 있었습니다. 그들은 대단히 강한 사람이어서가 아니라, 자기 배를 다시 세우는 방식을 알고 있었습니다. 저는 그 힘을 '소신'이라고 부릅니다.

소신은 고집이 아닙니다. 현실을 무시하는 선언도 아닙니다. 바람을 인정하되 방향을 잃지 않는 것, 파도에 젖되 배를 버리지 않는 것, 그리고 무엇보다 떠나고 싶을 때 더 신중해지는 것. 저는 이 태도를 스스로에게 '진간장'이라고 불러 왔습니다.

여기서 말하는 '진간장'이란 일을 대하는 진정성, 포기하지 않게 만드는 간절함, 그리고 당장의 결과보다 내 커리어의 항속을 먼저 보는 장기적 관점. 이 세 가지가 섞여 깊은 맛을 내는 상태를 뜻합니다. 싫지만 필요한 일을 매일 해내게 만드는 기본기, 결국 밥을 먹여 주는 힘. 커리어의 항속은 그런 진간장에서 만들어집니다.

이 책은 그래서, 제가 지나온 항로를 한 번 멈춰 세워 점검하는 기록이자 앞으로 항해할 후배들에게 조금 더 정확한 내비게이터를 건네는 책입니다. 회고는 미화가 되기 쉽고, 조언은 공허해지기 쉽습니다. 저는 이 두 함정을 피하기 위해 '감상'보다 '구조'를 선택했습니다. 그리고 이 책의 목차는 '항해를 위한 장비'라고 생각하면 좋겠습니다. 이 책은 총 다섯 개의 파트로 구성되어 있습니다. 각 파트는 한 권의 '이야기'이면서 동시에 하나의 '장비'입니다.

Part Ⅰ. 항해 일지(Voyage Log)

커리어가 긴 여정이라는 전제에서 출발합니다. 계속 이길 수도 계속 질 수도 없는 삼세판의 법칙, 첫 성공의 기쁨, 등 떠밀려 한 선택이 인생의 방향을 바꾸는 터닝 포인트, 역경을 성장으로 바꾸는 시간의 법칙, 그리고 성공의 조건이 다시 비난의 화살이 되는 순간까지. 이 파트는 '내게 어떤 일이 있었는가'를 쓰는 기록이지만, 목적은 단순한 회상이 아닙니다. 독자가 자신의 항해 일지를 대입해 볼 수 있도록, 성공과 좌절이 반복되는 패턴을 드러내는 데 집중합니다.

Part Ⅱ. 진간장 루트(Checklist)

항해가 길어질수록 중요한 것은 '의지'가 아니라 루틴입니다. 불행은 겹쳐서 오고, 방향을 잃는 순간은 대개 준비가 부족할 때 찾아옵니다. 종착역은 남이 정해 주지 않습니다. 깨지고 욕먹는 순간을 지나야 내 실력이 분해되고, 대세가 존재한다는 사실을 인정해야 선택이 가능해집니다. 무엇보다 상대의 능력을 인정하지 못하면 관계는 침몰로 이어지기도 합니다. 이 파트는 한 문장으로 말하면 '싫지만 필요한 일을 매일 해내는 방식'입니다. 커리어의 항속을 만드는 핵심 장치가 여기에 있습니다.

Part Ⅲ. 내비게이션 설정(Navigator)

어떤 항해도 출발 전에 좌표를 찍습니다. 아버지와 평생 멘토가 주신 방향, 워커힐에서 얻은 깨달음, 커리어 로드맵, 삶의 설계와 커리어의 상호 균형 전략. 이 파트는 "어떻게 살아야 하는가." 같은 거창한 질문보다, 흔들리는 현실 속에서도 내가 복귀할 기준점을 세우는 데 초점을 둡니다. 소신이란 결국, 돌아올 수 있는 좌표가 있다는 뜻입니다.

Part Ⅳ. 실전 운항 전략(Field Manual)

바다에서는 계획보다 변수가 더 자주 등장합니다. 그래서 필요한 건 '정답'이 아니라 대응 전략입니다. 공부를 통해 '감'을 실력으로 바꾸고, 이직을 Maneuver(전략적 움직임)로 설계하고, 네트워크를 '명함 수'가 아니라 '전환율'로 운영하며, 한 우물을 중심으로 두 개의 언어를 익혀 멀티플레이어가 되는 전략. 그리고 안나 원투어라는 '패션 보그 캡틴'의 사례를 통해, 업이 달라도 캡틴의 원리는 어떻게 작동하는지를 보여 줍니다. 이 파트는 커리어가 흔들릴 때 바로 꺼내 쓰는 운항 매뉴얼입니다.

Part V. 캡틴이 내다본 현장: BRC 운영 매뉴얼

마지막 파트는 현장용 '운영 매뉴얼'입니다. 저는 2008년부터 2023년까지 약 60편의 글을 『어패럴뉴스』「월요마당」에 써 왔습니다. 시간이 지나 다시 펼쳐 보니 묘한 순간들이 있었습니다. 10년 넘게 반복해서 지적한 문제가 아직도 현장에서 그대로 남아 있기도 했고, 그때의 예측이 절묘하게 들어맞아 등골이 서늘해지기도 했습니다. 그 순간들에서 저는 확신했습니다. 유행은 바뀌어도 '신호'는 반복된다는 것입니다.

그래서 저는 원고를 그대로 나열하지 않고, 현장에서 가장 자주 터지는 문제들을 BRC로 재분류했습니다.

- Branding(브랜딩): 흔들리지 않는 기준을 세우는 법
- Retailing(유통/리테일링): 흐름을 읽고 판을 짜며 매출을 '살아나게' 만드는 법
- Coaching(조직/코칭): 사람이 성장하고 버티게 하는 조직의 리듬과 기준

그리고 이 세 축을 항해의 언어로 다시 번역했습니다. 브랜드는 배의 선체(Ship)이고, 유통은 배가 나아갈 항로(Route)이며, 조직은 함께 항해하는 선원(Crew)입니다. 선체가 단단해야 파도를 버티고, 항로를 읽어야 좌초를 피하며, 선원이 살아야 배가 멀리 갑니다. Part V는 바로 이 운영의 언어를 정리한 '캡틴의 현장 매뉴얼'이며, 마지막 장에서는 항로의 최종 결정권을 가진 캡틴의 리더십으로 전체 항해를 마무리합니다.

끝으로 Appendix '커리어 함수식'은 이 책의 내용을 한 장의 식으로 정리해, 독자가 자신의 상황에 대입해 볼 수 있도록 만든 요약 지도입니다. 항해는 결국 각자의 바다에서 각자의 배로 해야 합니다. 하지만 좌표와 원리는 공유할 수 있습니다.

저는 이 책이 '정답을 주는 책'이라기보다, 누군가의 항해를 조금이라도 덜 흔들리게 하는 내비게이션이 되기를 바랍니다. 유행은 계속 바뀔 겁니다. 조직도 바뀌고, 사람도 바뀌고, 내 컨디션도 바뀝니다. 그러나 방향은 내가 정할 수 있습니다. 그 방향을 지키는 힘, 진간장 같은 루틴과 소신. 그것이 커리어를 깊게 만들고 오래가게 합니다.

자, 이제 탑승 안내 방송이 들리는 순간처럼. 제 항해 일지의 첫 장을 열어 보겠습니다. 그리고 그 안에서 당신의 항해에 필요한 좌표를 함께 찾아보는 계기가 되면 좋겠습니다.

PART Ⅰ

항해 일지
Voyage Log

1

삼세판의 법칙이 존재한다,
'계속 이길 수도, 계속 질 수도 없다'

가위바위보에서 '삼세판'이 널리 쓰이는 이유는 단순하다. 한 번의 실수는 용인하되, 반복되는 결과는 실력과 태도의 문제로 간주되기 때문이다. 기원의 정확한 근거야 무엇이든, 삼세판이 사람들의 상식으로 굳어진 배경에는 '공정성'과 '반복'이라는 두 개의 감각이 있다. 세 번은 충분히 긴 시간이면서 동시에 충분히 짧은 기회다. 그래서 인생도, 커리어도 종종 '세 번'이라는 말로 요약된다. 세 번의 위기와 세 번의 기회. 누구에게나 그 고비가 온다.

나에게 첫 번째 위기는 원하던 대학 진학의 실패였다. 서울에서 학교를 다녔지만 서울 어느 대학에도 들어가지 못했고, 결국 지방으로 내려가는 선택을 받아들여야 했다. 그 시절은 단순히 환경이 낯선 정도가 아니었다. 주변의 냉소적인 시선은 매일 비수처럼 꽂혔다. "얼마나 공부를 안 했으면 서울에서 여기까지 왔냐?"라는 말들이 일상이었고, 학벌이 없으면 취업도 결혼도 어렵다는 당시의 공기 속에서 나는 처음으로 인생의 쓴맛을 온몸으로 배웠다. 기억조차 희미할 정도로 술을 마시고 좌절했던 시간은, 지금도 돌아가고 싶지 않은 시절로 남아 있다.

두 번째 전환점은 군 복무였다. 1987년 입대해 1990년 병장으로 전역할 때, 나는 처음으로 '이대로는 안 된다.'라는 절박함을 손에 쥐었다. 입대 전 허무하게 보낸 시간을 떠올리면 남은 인생까지 그렇게 흘려보낼 수는 없었다. 복학 후에는 정말 미친 듯이 공부했다. 집과 학교, 도서관만 기억날 정도로 강의를 듣고 책을 읽었다. 돌이켜 보면 인생에서 가장 많은 책을 읽었던 시기였고, 그 시절 처음으로 '자신감'이라는 감정이 생긴 것 같다. 대학원 진학은 실패했지만, 2년 내내 과 수석을 하고 수석 졸업이라는 결과를 만들었다. 첫 번째 패배가 끝이 아니라는 것을, 나는 그때 처음 배웠다.

하지만 인생은 그렇게 단순하게 보상해 주지 않는다. 졸업 이후 취업은 더 높은 벽이었다. 지방대 문과생에게 면접은 먼 나라 이야기였고, 지원하는 곳마다 1차 서류에서부터 떨어졌다. 간신히 통과해도 특별한 기술이 없는 나에게 취업은 요원해 보였다. 그때 패션 디자인을 공부하던 형의 영향으로 패션의 세계를 바라보게 되었고, 디자이너 말고도 기획 MD(Fashion Merchandising)라는 직업이 있다는 걸 알았다. 그리고 '전문성을 갖추지 않으면 다음 판은 없다'는 결론에 이르렀다.

그래서 코오롱패션산업연구원(FIK) 머천다이징 과정에 등록해 1년을 투자했고, 거기서 내 인생 최고의 스승인 이호정 박사님을 만났다. 당시 FIK는 패션업계 MD 사관학교로 불렸고, 그곳에서 나는 업의 언어와 구조를 배웠다.

1994년, 1년 과정 수료 후 3개월간의 치열한 구직 끝에 크레송이라는 회사에 기획 MD로 입사했을 때의 감정은 아직도 생생하다. 월급 60만 원이 거창해서가 아니라, '이제 내가 내 손으로 만든 결실이 생겼다'는 감각 때문이었다.

삼세판의 법칙은 이렇게 말한다. 계속 이길 수도, 계속 질 수도 없다. 중요한 건 한 번의 패배가 인생을 결정하지도, 한 번의 승리가 인생을 영원히 보장하지도 않는다는 사실이다. 그리고 그 사실을 인정하는 순간부터, 다음 항로를 설계할 힘이 생긴다.

─────── **핵심 키워드**

- 삼세판(반복과 공정성)
- 전환점(군 복무·공부)
- 전문성(FIK·첫 취업)

2

첫 번째 성공의 기쁨을 만끽하다

11년 만에 내 손으로 만든 첫 승리

어떤 성공은 '운이 좋았다'고 말할 수 있다. 하지만 어떤 성공은, 그 말을 차마 할 수 없다. 너무 오래 버텼고, 너무 많이 쏟아부었기 때문이다. FIT 합격이 내게 그랬다.

첫 직장 취업이 '첫 결실'이었다면, FIT 입학은 '첫 승리'였다. 남들이 보기엔 단지 학교 하나 들어간 이야기일지 모르지만, 내 인생에서는 10년 전 대학 입시 실패의 기억을 정면으로 다시 밟고 지나가는 사건이었다.

패션에서 FIT는 단순한 학교가 아니다. '기획과 머천다이징의 본진'이라는 상징이 있다. 그 상징을 더 단단히 만든 건, FIT를 거쳐 세계 무대에 올라선 대표적인 인물들 덕분이다. 그중 한 사람이 캘빈 클라인(Calvin Klein)이다. FIT 출신이라는 사실은 '이 학교가 어떤 결을 가진 곳인지'를 직관적으로 증명한다. 나에게 FIT는 하버드나 MIT 같은 이름값보다, '패션을 패션답게 운영하는 사고방식'이 모이는 곳이라는 의미가 더 컸다. 그래서 그 문을 통과해야 했다. 이번만큼은 실패로 끝낼 수 없었다.

유학의 첫 1년은 낭만과는 거리가 멀었다. 언어는 벽이었고, 생활은 긴장이었다. 수업 내용을 따라잡는 일은 생각보다 훨씬 거칠었다. 알아듣지 못한 부분은 녹음해 두고, 다시 듣고, 단어를 찾고, 문장을 연결했다. 남들보다 시간과 노력이 두 배, 세 배가 필요했다. 그 과정에서 나는 한 가지를 배웠다. 자신감은 원래 있는 게 아니라, 반복으로 생긴다. '어제보다 오늘 더 이해했다'는 작은 누적이 어느 순간 나를 지탱해 주기 시작했다.

그리고 마침내 입학 허가서를 받았을 때, 나는 오래된 빚을 갚는 기분이 들었다. 누군가에게 증명한 게 아니라, 나에게 빚진 약속을 지킨 느낌이었다. 그 순간의 기쁨은 조용했지만 묵직했다. 이런 기쁨은 오래가는 대신, 사람을 단단하게 만든다.

하지만 진짜 드라마는 그다음부터였다. FIT 마지막 학기, 인턴십(Internship)을 선택하던 시기. 당시 유학생이 졸업 후 현지 취업까지 이어지는 건 흔치 않았다. 규정도, 비자도, 분위기도 간단하지 않았다. 그래서 대부분은 '배우는 걸로 끝'이라고 생각했다. 나 역시 현실을 알고 있었다. 그럼에도 인턴십을 대충 할 수는 없었다. 인턴십은 학점이 아니라, 현장에서의 검증이었다.

내가 선택한 곳은 A|X(Armani Exchange)였다. 조르지오 아르마니는 패션을 모르는 사람도 알 만큼 '거장'으로 불리는 이름이다. 그리고 A|X는 그 거장의 감각을 보다 젊고 빠르게 풀어낸 라인이다. 그곳은 공기부터 달랐다. 사람의 말투가 다르고, 자료의 디테일이 다르고, 결정의 속도와 기준이 달랐다.

특히 머천다이징 디비전에서 디렉터를 보조하며 일했던 그 시간은 내게 '학교가 설명해 주지 않는 패션'을 보여 줬다. 브랜드는 감각으로 시작하지만, 성공은 시스템으로 유지된다. 그걸 처음으로 몸으로 배웠다.

1999년, 아르마니 뉴욕 사무실 입구

　인턴십은 '도전'이라는 말로 순화되지만, 실제로는 매일이 평가였다. 업무 속도가 늦으면 이유를 설명해야 했고, 질문을 잘못하면 준비가 부족하다는 표정이 돌아왔다. 그때 나는 자존심을 세우는 대신, 노트를 세웠다. 모르면 적고, 틀리면 고치고, 다음에는 같은 실수를 하지 않는 것. 그렇게 버텼다. 그리고 어느 순간부터 작은 변화가 생겼다. 질문이 줄고, 맡기는 일이 늘었다. "이건 네가 해 봐."라는 말이 조금씩 들리기 시작했다. 그 말은 칭찬이 아니라 책임이었지만, 내게는 신호였다. 현장이 나를 쓰기 시작했다는 신호.

　그리고 인턴십이 끝나 갈 무렵, 믿기 어려운 일이 현실이 됐다. 풀타임(Full Time) 오퍼. 더 놀라운 건 워킹 비자까지 포함된 형태였다는 점이다. 유학생에게 그건 '자리 하나'가 아니라 '문 하나'였다. 내 인생에서 처음으로, 내가 선택한 길이 나를 받아 주는 순간이었다. 그때의 감정은 크고 화려하지 않았다. 대신 이상하게 조용했다. 아마도 믿기까지 시간이 필요했던 것 같다. 꿈이 현실이 되는 순간은 대개 소리가 작다.

시점은 1997년이었다. 한국은 IMF 위기로 흔들리고 있었다. 한국에서 불안이 커질수록, 내 결정의 무게도 묵직해졌다. 그래서 이 성취는 더 크게 느껴졌다. '해외 취업'이라는 단어가 현실에서 잘 쓰이기 어려운 시절이었다. 나는 그 희박한 가능성의 문턱을 실제로 넘었다. 그리고 그즈음, 학교에서 만난 지금의 아내와 결혼을 하며 뉴욕에서 신혼 생활도 시작했다. 좋은 일은 때로 겹쳐서 온다.

하지만 항해에서 가장 중요한 장면은, 순풍이 불 때의 선택이다. 3년쯤 지나 아들 출산을 앞두고 있을 때, 아버지로부터 연락이 왔다. IMF 이후 운영하던 회사가 힘들어졌으니 들어와 함께 운영에 참여해 달라는 제안이었다.

그 순간 나는 다시 갈림길에 섰다. 미국에 정착해 항로를 이어 갈 것인가, 모든 것을 접고 한국으로 돌아갈 것인가. 개인의 커리어와 가족의 결정이 한 지점에서 겹쳤다. 무엇이 정답인지 알 수 없었지만 한 가지는 분명했다. 이제부터는 성공의 크기보다, 선택의 책임이 더 중요해진다는 점이었다.

돌이켜 보면, FIT 입학부터 AIX 취업까지의 과정은 내 인생의 첫 '대형 성취'였다. 그리고 동시에, 이후 내 커리어 전체를 떠받치는 기본기가 되었다. 시스템을 이해했고, 현장을 배웠고, 무엇보다 '될 때까지 하는 방식'을 내 몸에 새겼다. 그게 내 커리어의 첫 번째 진간장이었다.

1999년, AIX 동료들이 열어 준 'Baby Shower Party'

———————　**핵심 키워드**

- 첫 대형 성취(FIT 합격)
- 검증의 현장(AIX 인턴십)
- 문이 열리는 순간(풀타임 오퍼)

3

등 떠밀려 한 선택이 터닝 포인트가 되다

미국에서의 생활을 접는다는 건, 단순히 나라를 옮기는 일이 아니었다. 내가 어렵게 얻은 자리와 루틴, 그리고 "이제 됐다."라고 말할 수 있는 작은 안정감을 스스로 내려놓는 결정이었다. 더구나 그 시점은 아들 출산을 앞둔 때였다. 미래를 쉽게 가늠할 수 없었다. 다만 한 가지는 분명했다. 이 선택은 커리어의 방향을 바꾸는 선택이 될 거라는 점이다.

귀국 후 나는 부친 회사에 들어갔다. 작은 여성 패션 브랜드였지만 내실이 있었고, 무엇보다 '가족'이라는 무게가 있었다. 당시 나는 '기획'의 사람으로 들어갔다. 미국에서 배운 머천다이징 시스템을 한국의 현실에 맞게 심는 일이 가장 먼저였다.

무엇부터 손봐야 하는지는 명확했다. 감각으로 돌아가는 운영을 시스템으로 바꾸는 것이다. 상품 기획의 기준을 세우고, 생산과 소싱 흐름을 정리하고, 소비자 반응을 더 빠르게 읽는 구조를 만들었다. 내 일이 늘어날수록 브랜드는 안정됐고, 결과도 따라왔다. 매출과 브랜드 파워가 함께 올라가기 시작했다. '돌아오길 잘했다.'라는 생각이 들기 시작한 것도 그때다.

그런데 인생은, 안정감을 오래 주지 않는다. 1년쯤 지났을 때 회사에 변화가 생겼다. 영업을 책임지던 부서장이 해외 이민을 결심하면서 자리가 비었다. 당시 유통 환경에서 영업은 회사의 심장에 가까웠다. 매장이 곧 매출이었고, 매장이 곧 현금 흐름이었다. 사람이 빠지면 숫자가 흔들리는 구조였다.

그리고 어느 날, 아버지가 조용히 말을 꺼냈다.

"영업, 네가 한번 맡아보면 어떻겠냐?"

솔직히 말하면, 나는 망설일 수밖에 없었다. 영업은 외근이 많고, 사람을 많이 만나야 하고, 때로는 술자리와 지방 출장도 일상이 된다. '기획으로 시스템을 만드는 일'과는 결이 달랐다. 아내도 반대했다. 미국까지 다녀와서 굳이 영업을 해야 하냐고 했다. 나 역시 같은 생각이었다. 나는 기획으로 증명하고 싶었다.

하지만 그 자리에서 "아니다."라고 말할 수는 없었다. 공석이었고, 회사는 돌아가야 했고, 무엇보다 아버지의 요청이었다. 결과적으로 나는 등 떠밀리듯 영업으로 이동했다. 이 선택이 내 인생의 터닝 포인트가 될 줄은, 그때는 몰랐다.

처음에 내가 한 일은 단순했다. 전국에 있는 매장을 직접 돌았다. 20개 남짓한 매장을 한 바퀴 도는 동안, 내 머릿속에는 두 개의 장면이 동시에 쌓였다.

첫째는 매니저들의 목소리였다. 본사에서는 잘 보이지 않던 문제가 현장에서는 선명했다. "이 상품은 손님이 잡아 보지도 않아요." "이 가격이면 다른 브랜드로 갑니다." "이 프로모션은 고객에게 설득력이 없어요." 책상에서는 절대 알 수 없는 사실들이었다.

둘째는 바이어들의 평가였다. 더 냉정했고, 더 직접적이었다. 현장에서 들은 말들은 매니저들보다 바이어들이 더 냉정했다. 그들은 브랜드를 애정으로 보지 않았다. 숫자와 경쟁력으로 봤다. 그리고 어떤 말은 평가를 넘어, 사람을 겨냥했다.

"사장 아들이 영업한다고 뭐가 달라지겠나."

그 한마디는 대놓고 비웃는 말이었다. 사실 틀린 말도 아니었다. '아들'이라는 신분이 매출을 만들어 주진 않는다. 오히려 그 말이 나를 더 현실로 끌어당겼다. 여기서는 FIT도, 미국 경력도, 가족도 통하지 않는다. 통하는 건 현장에 도움이 되는 변화뿐이었다.

나는 그 냉소를 변명으로 받아치지 않았다. 대신 기록했다. 무엇이 부족한지, 어떤 상품이 밀리는지, 어떤 프로모션이 설득력이 없는지, 왜 고객이 발길을 돌리는지. 그리고 다음 미팅에서는 말이 아니라 결과로 답하자고 마음먹었다. 그때 처음으로 실감했다. 기획은 책상 위에서 완성되는 게 아니라, 현장에서 검증된다.

현장을 한 바퀴 돌고 돌아오자, 내 생각이 바뀌었다. 영업은 단순히 '매출을 만드는 부서'가 아니었다. 영업은 브랜드의 현실을 가장 빨리 보여 주는 레이더였고, 기획의 약점을 가장 정확히 찌르는 거울이었다. 그 순간부터 나는 영업을 '싫지만 해야 하는 일'이 아니라, 내 커리어를 확장시키는 도구로 보기 시작했다.

영업을 시작하고 나서, 회사는 더 빠르게 움직였다. 고객 반응이 바로 기획에 반영됐고, 바이어의 평가가 제품과 프로모션의 우선순위를 바꿨다. '기획'에 '영업'을 더한 시스템이 돌아가기 시작하자, 브랜드는 더 단단해졌다. 매출이 성장하는 속도도 빨라졌다.

그 과정에서 나는 한 가지를 알게 됐다. 커리어는 '한 분야의 깊이'만으로 완성되지 않는다. 현장을 아는 사람은, 결국 더 넓게 쓸 수 있다.

하지만 달콤한 성장에는 대가가 따라왔다. 영업은 체력과 시간을 요구했고, 가족과의 균형도 쉽게 무너질 수 있다. 무엇보다 '성과가 계속 날 것'이라는 착각이 생기기 쉬웠다. 매출이 오르면 이익도 늘 것이라고 믿기 쉽다. 그리고 가족 회사에서는 그 믿음이 더 강해진다.

그러나 회사의 손익 구조는 '현장'만 보고는 끝까지 보이지 않는다. 경영은 다른 차원의 게임이다. 시간이 지나며 나는 불편한 감각을 느꼈다. 겉으로는 잘 돌아가는데, 속이 묘하게 불안했다. 어느 순간부터는 '왜 이렇게 힘든데, 남는 게 없지?'라는 질문이 머릿속에 남았다. 그리고 그 질문은 결국, 피하고 싶었던 지점으로 나를 끌고 갔다. 아버지와의 갈등이었다.

나는 구조를 바꾸자고 했고, 아버지는 받아들이지 않았다. 나는 숫자를 보자고 했고, 아버지는 '가족 회사의 질서'를 먼저 봤다. 그 간극은 생각보다 컸다.

결국 나는 결정을 해야 했다. 남아서 부딪히며 바꿀 것인가, 떠나서 내 항로를 만들 것인가. 그 선택은 단순히 '회사 하나를 그만두는 일'이 아니라, 가족과 커리어 사이에서 내가 어떤 사람인지 결정하는 일이었다.

돌이켜 보면, 부친 회사에서의 시간은 내게 기회와 상처를 동시에 줬다. 하지만 한 가지는 분명하다. 내가 그곳에서 '영업'을 배운 것은, 훗날 내 커리어에서 엄청난 힘이 됐다.

당시에는 몰랐다. 그 선택이 나를 살리는 '엔진'이 될 줄은.

─────── **핵심 키워드**

- 귀국 후 재정착과 성과
- 등 떠밀린 영업 전환
- 현장이 만든 커리어 확장

4

역경을 성장의 기회로 바꾸는 법,
시간의 법칙을 터득하다

부친 회사에서 나오는 일은 단순한 이직이 아니었다. 나는 그곳에서 임원급 이사로 일했고, 실적도 만들었다. 그럼에도 떠나야 했다. 지금 돌이켜보면 그 선택은 '맞다/틀리다'로 정리하기 어렵지만 한 가지는 분명했다. 그때 나는 내 항로를 내 손으로 다시 개척해야 했다.

처음에는 자신감이 있었다. FIT를 나왔고, 뉴욕에서 일했고, 국내에서도 브랜드를 키워 봤다. 그런데 시장은 내가 생각한 방식으로 움직이지 않았다. '경험'이 바로 '기회'로 이어지지 않았다. 시간이 길어질수록 마음이 무거워졌다. 그 무게가 생활로 내려앉기 시작하면, 사람은 생각이 단순해진다. 결국 남는 질문은 하나다. "다시 올라갈 수 있나?"

그때 내가 붙잡은 건 큰 전략이 아니었다. 루틴이었다. 하루를 정해진 방식으로 보내는 것, 해야 할 일을 미루지 않는 것, 그리고 무엇보다 '숫자로 증명하겠다'는 태도였다. 커리어가 흔들릴 때 사람을 살리는 건 감정이 아니라 일상이다. 나는 그 사실을 그 시기에 배웠다.

말이 팀장이지, 사실은 '나 혼자'였다

6개월의 시간을 버텨 내고 재출발의 자리로 선택한 곳이 띠어리 (Theory)였다. 직함은 영업팀장이었지만, 당시 내 체감은 달랐다. 팀장이라기보다 '영업' 그 자체였다. 브랜드는 새로웠고, 조직은 작았다. 매장을 하나씩 만들어 가야 했고, 그 과정의 대부분이 내 손을 거쳤다.

매장 오픈이 있는 날은 늘 긴장됐다. 디스플레이는 제대로 들어왔는지, 가구는 시간 맞춰 설치되었는지, 직원은 준비가 됐는지, 본사에서 요청한 자료는 빠짐없는지. 이런 날에는 내가 팀장인지, 운영 담당인지, 잡무 담당인지 구분이 없어졌다.

솔직히 말하면 그 당시에는 커피 심부름도 마다하지 않았다. 현장에는 '할 일'만 있었고, 그것을 누가 하느냐는 중요한 게 아니었다. 오픈을 성공시키고, 매장을 굴리고, 매출을 만드는 게 전부였다.

이런 경험은 자존심을 누르는 대신, 현실을 가르쳤다. '좋은 직함'이 사람을 살리는 게 아니라, 현장에서 결과를 만드는 능력이 사람을 살린다는 것. 그때 나는 다시 기본으로 돌아갔다. 매장 오픈 하나를 제대로 하고, 바이어 미팅 하나를 놓치지 않고, 일정을 무너뜨리지 않는 방식으로 시간을 쌓았다.

그 시기에 내가 세운 원칙은 단순했다. 첫째도 실적, 둘째도 실적, 셋째도 실적.

다만 이 말의 뜻은 '무작정 몰아붙이자'가 아니었다. 어떻게든 '신뢰'를 다시 만들자는 의미에 가까웠다. 신뢰는 하루아침에 돌아오지 않는다. 그래서 나는 시간을 버는 대신, 시간을 쌓는 쪽을 택했다.

시간이 쌓이면, 경력은 '확장'으로 바뀐다. 띠어리에서의 시간은 짧지 않았지만, 내 안에서는 '재정비'의 시간이었다. 그다음 단계는 자연스럽게 확장으로 이어졌다. 브랜드를 하나 운영하는 것과 여러 브랜드를 동시에 책임지는 것은 전혀 다른 게임이다. 매장도 다르고, 고객도 다르고, 유통사와의 협상 방식도 다르다. 변수는 늘어나고, 그 변수들을 관리하는 방식이 곧 실력이 된다.

그 과정 속에서 내가 얻은 가장 큰 수확은 영업의 언어였다. 기획이 '가능성'을 말한다면, 영업은 '현실'을 말한다. 기획이 '이렇게 하면 좋다'라면, 영업은 '이렇게 하면 팔린다/안 팔린다'로 정리된다. 이 언어를 익히고 나니, 이후 내 커리어의 속도가 달라졌다. 무엇보다 현장에서 배운 감각은 쉽게 사라지지 않았다. 그리고 그 감각은 다음 기회를 알아보는 눈이 됐다.

2006년, 다시 '임원'으로 돌아오다

그렇게 시간이 쌓였고, 어느 순간부터 시장의 반응이 달라졌다. '가족 회사 출신'이라는 꼬리표가 전부가 아니게 됐다. 대신 '현장을 알고, 매장을 열고, 숫자를 만들 줄 아는 사람'이라는 평가가 붙기 시작했다. 나는 그 변화가 눈에 보이기까지 걸리는 시간이 있다는 것을 그때 처음으로 실감했다.

그리고 2006년, 성주D&D(MCM)에서 사업본부장 이사직을 제안받으며 다시 임원으로 들어가게 된다. 나는 그 시점을 내 커리어에서 의미 있게 기억한다. 이유는 단순하다. 그때는 '누군가의 배경'이 아니라 '내가 쌓아 올린 시간'으로 선택받았다고 느꼈기 때문이다. 다시 말해, 떠나온 뒤 불과 몇 년 안에 내가 내 루틴과 실적으로 임원 자리로 돌아온 것이다.

돌이켜 보면, 부친 회사에서 시작한 영업 확장은 그때 비로소 '진짜 자산'이 됐다. 나는 처음부터 영업을 좋아했던 사람이 아니다. 오히려 기획을 더 믿었다. 그런데 역설적으로, 그 영업 경험이 이후 나를 밀어 올리는 엔진이 됐다. 현장을 이해하는 사람은 결국 더 넓게 쓰인다. 회사가 커질수록 그 차이가 커진다.

시간의 법칙

내가 말하는 '시간의 법칙'은 거창하지 않다. 시간은 그냥 지나가면 경력이고, 목적을 갖고 쓰면 자산이 된다. 그리고 그 자산은 위기에서 빛난다.

부친 회사에서 나와 띠어리에서 다시 시작한 시기는, 내 인생에서 가장 화려한 장면은 아니다. 그러나 가장 단단해진 시기였다. 팀장이라는 이름으로 혼자 뛰며, 매장 오픈에서 커피 한 잔까지 챙기던 날들이 있었기에, 그 시간이 쌓여 다시 기회가 왔을 때 잡을 수 있었다.

나는 그때 배웠다. 커리어는 재능보다 '시간을 쓰는 방식'으로 결정된다.

2008년, MCM 시절 사무실에서

──────── **핵심 키워드**

- 루틴(버티는 기술)
- 1인 영업의 현장(겸손과 실행)
- 시간의 복리(신뢰 회복)

5

또 한 번의 좌절,
성공 요소는 다시 비난의 화살이 된다

어릴 때 내게 성공은 막연한 동경이었다. 말로는 "성공해야지."라고 쉽게 말하지만, 그 단어가 현실에서 어떤 표정과 어떤 무게로 존재하는지는 알 길이 없었다. 다만 한 사람을 보면 그 단어가 설명 없이도 이해됐다. 바로 백부님이었다.

서울의 큰 대학병원에서 병원장까지 하신 백부님. 어린 내 눈에 백부님은 '성공한 사람'이라기보다 '흔들리지 않는 사람'에 가까웠다. 주변은 늘 정돈되어 있었고, 말수가 많지 않아도 분위기가 바뀌었다. 무엇보다 백부님은 누구를 대할 때도 조급함이 없었다. 그 여유가 부러웠다.

초등학교 5학년 때 우연히 큰아버지와 같이 차를 타고 이동하던 날, 나는 참지 못하고 물었다.

"큰아버지처럼 성공하려면 어떻게 해야 하나요?"

그 질문에는 존경도 있었고, 솔직히 부러움도 있었다. 나는 '어떤 비법' 같은 걸 기대했는지도 모른다. 그런데 백부님은 길게 말하지 않으셨다. 잠깐 웃으시더니, 단정한 문장 하나만 남기셨다.

"보통 사람들이 하는 노력으로는 안 돼. 보통 이상을 해야 해."

그때는 그 말이 너무 단순해서 오히려 이해가 안 됐다. '열심히'라는 말과 뭐가 다른가 싶었다. 하지만 시간이 지나면서 그 문장은 내 안에서 '조언'이 아니라 '기준'이 됐다.

그리고 나는 그 기준을, 가장 치열한 현장에서 다시 만났다.

MCM의 1층: 자리를 지키는 일이 곧 생존이던 시절

2006년, 나는 MCM에서 영업을 책임지는 역할을 맡게 됐다. 그때의 백화점 1층은 단순한 매장 위치가 아니었다. 1층은 브랜드의 체급이었고, 브랜드가 고객에게 선언하는 '존재 방식'이었다. 더 무서운 건, 그 체급이 한 번 흔들리면 단기간에 회복하기 어렵다는 사실이었다.

당시 1층은 럭셔리 브랜드들이 빠르게 판을 넓혀 가던 시기였다. 백화점은 늘 같은 논리를 들었다. "리뉴얼이 필요하다." "고객 동선이 바뀌었다." "브랜드 구성이 달라져야 한다." 말은 부드럽지만 의미는 분명했다.

"내려가라." 내려간다는 건 단순한 이동이 아니었다. 매출, 이미지, 직원 사기, 협상력까지 같이 내려가는 일이었다.

그때부터 영업은 '판매'가 아니라 '자리싸움'이 됐다. 회의는 숫자로 시작하지만, 끝은 늘 감정과 체면과 힘겨루기로 흐르기 쉬웠다. 바이어 입장에서는 '합리적 재배치'였고; 우리 입장에서는 '생존을 위한 사수'였다. 양쪽이 같은 언어를 쓰는 것 같아도 사실은 다른 언어로 말하고 있었다.

우리는 수없이 부딪혔다. 한 번의 미팅으로 정리될 일이 아니었다. 바이어가 먼저 '이동'을 흘리고, 우리는 '유지'의 근거를 준비하고, 다시 조정안을 만들고, 또 설득하고, 또 버티고. 그 과정이 길어질수록 조직은 지친다.

그리고 현장부터 먼저 지친다.

매장 직원들은 매일 고객을 만나면서도, 그 위에 '자리 불안'을 얹고 버텨야 했다. 본사는 본사대로 '이 자리를 잃으면 무엇이 달라지는지'를 계속 계산하고 설명해야 했다. 중간에서 영업 조직은 늘 갈라지는 힘을 모아야 했다. 위로는 바이어와 부딪히고, 아래로는 현장의 불안을 다독이고, 안으로는 본사의 판단을 설득해야 했다.

그때 나는 '영업이란 사람의 체력으로 하는 일'이라는 걸 처음 제대로 배웠다.

자료를 만드는 건 밤새 하면 된다. 그런데 관계는 밤새 노력한다고 만들어지지 않는다. 신뢰는 하루에 쌓이지 않고, 깨지는 건 순간이었다. 그래서 우리는 매일을 조심하면서도, 매일을 밀어붙여야 했다. 그 모순 속에서 말이다.

'버티는 힘'이 성과를 만들고, 성과는 다시 사람을 소모시킨다

시간이 흐르자 성과가 나타나기 시작했다. 자리를 지켜 낸 경험이 쌓이면, 조직은 자신감이 생긴다. '이번에도 버텨 냈다'는 기억은 다음 협상의 등뼈가 된다.

그런데 그 기억이 반복될수록, 한편으로는 무언가가 조금씩 닳아 간다.

성과가 계속될 때의 위험은 '자만'이 아니라 '둔감'이다. 처음에는 한 번의 충돌에도 조직이 반응한다. 그런데 충돌이 반복되면, 조직은 충돌을 일상으로 받아들이고, 일상의 충돌은 결국 사람의 마음을 마르게 만든다.

그 시절의 나는 결과 중심으로 움직였다. "자리를 지켜야 한다."라는 목표는 단순했고 명확했다. 목표가 명확하면 사람이 거칠어지기 쉽다. 거칠어지는 자신을 스스로도 잘 못 느낀다. 나 역시 그랬다.

나는 '추진력'으로 살아왔다고 믿었고, 그 추진력은 실제로 성과를 만들었다. 하지만 시간이 조금 지나자 같은 추진력이 조직에게는 다르게 읽히기 시작했다. 누군가에게는 '카리스마'였고, 누군가에게는 '압박'이었다.

성과가 좋을 때는 장점으로 넘어가던 것들이, 성과가 흔들리면 단점으로 선명해진다. 그리고 그때부터는 결과만으로 평가되지 않는다. 사람을 어떻게 대했는지, 팀이 얼마나 누수되고 있는지, 조직의 분위기가 어떤지까지 함께 보이기 시작한다.

나는 뒤늦게 그걸 느꼈다. MCM에서의 시간은 내게 분명 큰 자산이었지만, 동시에 내 방식의 각이 얼마나 날카로운지 스스로 확인하게 만든 시간이기도 했다. 그리고 지쳐 가던 어느 순간, 나는 마음속으로 이렇게 중얼거리기 시작했다.

'이 싸움은 계속할 수 있다. 그런데 이 방식으로는 오래 못 간다.'

바로 그때, 거짓말처럼 다음 항로가 열렸다.

2008년, 김성주 회장님(가운데)과

지쳐 가던 항해에 들어온 한 사람의 손: LF로 이어진 소개

갤러리아 백화점 해외 명품 파트 팀장 출신이셨던 LG패션(현 LF)의 오원만 전무님은 내 일을 가까이에서 보셨다. 그분은 숫자만 보는 분이 아니었다. 성과가 어디에서 만들어지는지, 성과가 만들어지는 과정에서 사람이 어떤 표정을 짓는지까지 보는 분이었다.

내가 지쳐 가고 있다는 것도, 내가 '다음'을 고민하기 시작했다는 것도, 굳이 말하지 않아도 알고 계신 듯했다. 전무님이 LF 구본걸 회장님께 나를 소개해 주셨을 때, 나는 그 '소개'의 무게를 바로 느꼈다. 누군가를 추천한다는 건 그 사람의 과거만 말하는 게 아니다. 그 사람의 미래를 함께 거는 일이기도 하다.

나는 전무님의 그 선택이 얼마나 조심스러운 결단인지 알고 있었다.

2011년 1월, 나는 LF로 옮겼다. 액세서리 사업부를 맡는 상무 자리였다. 그 순간은 화려했다기보다, 조용히 큰 파도가 방향을 바꾼 느낌이었다. MCM에서 1층을 지키며 배운 것이 '버티는 힘'이었다면, LF에서 나는 '버티는 힘을 지속 가능한 성과로 바꾸는 법'을 배워야 했다.

LF 7년: 커리어의 황금기였던 이유

대기업 임원 생활은 '큰 배'의 운항이다. 큰 배는 속도만으로 움직이지 않는다. 시스템이 움직이고, 조직이 움직이고, 숫자가 움직인다. 그리고 무엇보다 '조직의 시간'이 개인의 시간 위에 올라선다.

이 환경에서 임원은 실적만 내는 사람이 아니라, 실적이 나오도록 구조를 설계하고 유지하는 사람이 된다. 내가 맡은 영역은 단순한 상품 운영이 아니었다. 브랜드별로 고객이 달랐고, 유통의 요구가 달랐고, 무엇보다 '같은 가방을 팔아도' 설득의 언어가 달랐다.

닥스는 정체성을 놓치면 안 되었고, 헤지스는 확장 속도를 조절해야 했고, 질스튜어트는 감각을 잃지 않아야 했다. 이 차이를 읽고, 각 브랜드가 가진 강점을 꺼내되, 서로의 영역을 침범하지 않게 조정하는 일은 생각보다 섬세했다.

이 시기가 황금기였던 이유는 하나다. 성과가 '한 번'이 아니라 '지속'으로 쌓이던 시간이었기 때문이다. 그 시절 나는 매 시즌 '장면'을 만들고 싶었다. 고객이 기억하는 장면, 매장에서 직원이 설명하기 쉬운 장면, 바이어가 납득할 수 있는 장면. 그 장면이 반복되면, 그것이 매출의 구조가 되고, 브랜드의 체질이 된다.

나는 그 체질을 만들기 위해 조직을 움직였다. 물량과 가격, 매장 운영과 프로모션, 상품의 포지셔닝과 출시 타이밍. 이 모든 것이 동시에 맞아야 결과가 나온다. 하나만 잘해서는 안 된다.

그리고 그 조정의 중심에 서는 건 결국 사람이다. 큰 조직에서 성과는 '천재 한 명'이 아니라 '정렬된 팀'이 만든다. 나는 LF에서 그 사실을 가장 깊게 배웠다. 그래서 LF의 7년은 내 커리어에서 '가장 치열하게 성장했던 시간'이자 '가장 많은 것을 얻었던 시간'으로 남는다.

황금기의 그림자: 성과 중심의 방식이 결국 나를 겨눈다

다만 황금기는 늘 그림자를 데려온다. 성과가 좋을수록 조직의 기대치는 올라가고, 속도는 빨라지고, 압박은 자연스러운 일상이 된다. 그리고 그 속도 속에서 사람은 자신도 모르게 방식이 거칠어진다.

나 역시 그런 시기가 있었다. 나는 결과를 만들어야 한다는 책임감이 강했고, 결과가 나오면 그 방식이 '맞다'는 확신이 생겼다. 그 확신은 어느 순간 고집과 비슷한 얼굴로 변한다. 팀을 다독이기보다 밀어붙이고, 기다리기보다 재촉하고, 과정을 듣기보다 결론을 요구하게 된다.

성과가 잘 나올 때는 그 방식이 '추진력'으로 읽힌다. 그런데 성과가 흔들리는 순간, 같은 방식은 '압박'으로 읽히고, '무시'로 읽히고, 때로는 '상처'로 남는다. 그때부터는 성과가 나를 보호해 주지 못한다. 오히려 성과가 만든 기대치가 나를 더 날카롭게 겨눈다.

바로 이 지점에서, 성공 요소가 비난의 화살이 되는 과정이 시작된다.

2013년, LF에서 일본에서 오신 손님들과

멘토의 부재: 방향을 잃는다는 감각

2016년, 오원만 전무님이 갑작스럽게 불의의 사고로 세상을 떠나셨다. 그 소식은 내게 '슬픔'을 넘어 '붕괴'에 가까웠다. 나는 그분을 상사로만 보지 않았다. 일을 대하는 기준, 사람을 다루는 결, 조직을 읽는 감각을 그분에게서 배웠다. 그런 분이 사라졌다는 건, 내게 '방향을 확인하는 기준점'이 사라졌다는 뜻이었다.

그때부터 나는 흔들리기 시작했다. 업무는 계속되는데 마음이 따라가지 못했다.

회의실은 그대로인데 내 안의 엔진이 꺼져 가는 느낌. 그 상태가 오래가면, 사람은 자신도 모르게 표정이 바뀌고, 말이 줄고, 열정이 빠진다.

나는 그걸 숨기려고 했다. 임원은 흔들리는 모습을 쉽게 보이면 안 된다고 생각했기 때문이다. 하지만 흔들림은 숨긴다고 사라지지 않는다. 오히려 누적된다. 결국 2017년, 나는 회사를 떠나게 된다.

떠남, 그리고 다시 시작: 공백을 견디고 현장으로 돌아오다

떠나는 결정은 어느 날 갑자기 내리는 게 아니다. 수많은 밤이 쌓이고, 수많은 자문이 겹치고, 어느 순간 "이대로는 안 된다."라는 결론이 조용히 내려앉는다. 그때 나는 스스로에게 이렇게 물었다.

"이건 도망인가, 재설정인가."

나는 재설정을 원했다. 그래서 공백의 시간을 단순한 실패로 남기고 싶지 않았다.

잠시 다른 환경에서 숨을 고르고, 내가 무엇을 할 수 있고, 무엇을 내려놓아야 하는지 현실적으로 다시 보려 했다.

그 후, 메트로시티로 다시 돌아왔다. 양지해 대표님과의 인연이 다시 연결되면서, 나는 영업본부장으로 복귀했다. 현장은 이미 달라져 있었다. 시장도 달라졌고, 고객도 달라졌고, 유통의 언어도 달라졌다. 그래서 나는 예전 방식만으로는 안 된다는 걸 더 선명하게 느꼈다.

그때부터 나는 내 강점의 각을 다듬기 시작했다. 강한 추진력이 성과를 만들기도 하지만, 조직을 소모시키기도 한다는 걸 이미 겪었기 때문이다. 나는 더 자주 매장에 갔고, 더 많이 들으려 했고, 조직을 '압박'하기보다 '정렬'하려 노력했다.

완벽하진 않았지만 분명해진 것이 하나 있었다. 파도는 반복된다. 중요한 건 파도를 없애는 게 아니라, 다음 항로를 만드는 능력이다.

이제 '항해 일지'가 아니라 '점검표'를 꺼낸다

이 장은 승리의 장면만 적기 위한 장이 아니다. 흔들림까지 써야 다음으로 넘어갈 수 있다.

MCM의 1층은 '버티는 힘'을 가르쳐 줬고,

LF의 7년은 '지속 가능한 성과'를 가르쳐 줬고,

멘토의 부재는 '방향을 잃는 순간'을 알려 줬고,

복귀는 '현장으로 돌아오는 방식'을 다시 세우게 했다.

Part Ⅱ는 회고가 아니라 점검이다. 싫지만 필요한 일을 매일 해내는 방식, 흔들릴 때 중심을 잡는 기준, 떠나야 할 때와 남아야 할 때를 구분하는 기술. 내가 지나온 항로에서 꺼내야 할 것은 '감동'이 아니라 '재현 가능한 체크 리스트'다.

2024년 메트로시티에서 신년 직원 교육

──────── **핵심 키워드**

- 1층 사수의 전쟁: 자리는 체급이며 체급은 생존이다.
- 황금기의 운영: 성과는 '한 번'이 아니라 '지속'이 어렵다.
- 성공 요소의 역전: 강점은 상황이 바뀌면 비난의 화살이 된다.

PART II

진간장 루트

Checklist

6

커리어에 진간장이 필요하다

Part Ⅰ에서 나는 항해의 굴곡을 그대로 적었다. 이제는 그 항해를 가능하게 만든 '체질'을 꺼내 보려 한다. 나는 그 체질을 진간장이라고 부른다. 누군가에게는 다소 낯선 단어일 수도 있다. 하지만 내게는 이 한 단어가 없으면 설명되지 않는 감각이 있다. 진간장은 시간이 길어질수록 커리어를 지탱해 준 힘, 흔들릴 때마다 다시 제자리로 돌아오게 해 준 힘, 그리고 결정적인 순간마다 마지막까지 나를 버티게 해 준 힘이다.

진간장은 내가 만든 말이다. 내 기준으로는 세 가지가 한데 섞여야 진간장이 된다. 진정성, 간절함, 장기적 관점. 이 셋은 화려하지도 않고, 누가 봐도 한눈에 티가 나는 성질도 아니다. 오히려 표가 잘 나지 않는다. 그런데 이상하게도 위기가 오면 결국 남는 건 이 셋이었다.

그래서 나는 Part II를 '진간장 루트'라고 부르기로 했다. 누군가에게는 레시피가 될 수 있고, 또 누군가에게는 경고등이 될 수도 있다. 다만 이 루트는 감탄을 만들기 위한 것이 아니라, 실제로 '운항'을 지속하기 위한 점검표다.

나는 후배들에게 종종 말한다. 커리어는 단거리 경주가 아니라 항속이라고. 요즘 기업들이 ESG라는 이름으로 체질을 바꾸려는 것도 결국 같은 맥락이다. 빠르게 성장하는 시기도 있고, 느리게 버티는 시기도 있다. 하지만 결국 끝까지 살아남는 조직은, 그리고 끝까지 자기 커리어를 끌고 가는 사람은 '속도'가 아니라 '지속 가능성'에서 성과가 만들어진다는 사실을 안다. 더 정확히 말하면, 흔들려도 다시 제자리로 돌아오는 힘이 결국 결과를 만든다. 나는 그 회복력의 바닥에 진간장이 있다고 믿는다.

첫째, 진정성은 '좋은 사람'의 문제가 아니다. 진정성은 일이 흔들릴 때도 원칙을 유지하는 힘이다. 일이 잘 풀릴 때는 누구나 괜찮은 사람이 된다. 실적이 좋을 때는 누구나 여유롭다. 진정성은 반대로 일이 틀어질 때 드러난다. 진정성은 흔들리는 순간에도 내가 지켜야 할 기준을 붙잡는 힘, 분위기에 쓸려 가서 나답지 않은 선택을 하지 않게 만드는 힘이다.

둘째, 간절함은 '야망'과 다르다. 간절함은 내 책임을 끝까지 붙잡는 태도다. 더 위로 올라가겠다는 욕망이 아니라, 오늘 내 몫을 회피하지 않겠다는 결심이다. 아울러 내가 대학을 졸업하고 첫 취업을 하기 위해 겪었던 면접 과정을 생각하면 명확해진다. 얼마나 간절함이 나를 지탱해 주었는지 상기시켜 보면 된다.

마지막으로, 장기적 관점은 '느긋함'이 아니다. 단기 성과에 흔들리지 않고 방향을 지키는 기술이다. 당장 눈앞의 평가가 흔들려도 내 항로 전체를 보는 눈을 잃지 않는 능력이다. 견디고 견뎌 낸 후에 달라진 커리어의 깊이는 말로 설명할 수 없다.

패션은 유행으로 움직인다. 이 업계에서 유행을 읽는 감각은 분명 필요하다. 하지만 커리어는 유행을 따라가는 태도만으로는 오래갈 수 없다. 유행은 바뀌고, 판은 바뀌고, 사람도 바뀐다. 유행은 언제든 등을 돌린다. 그래서 커리어는 유행 위에 세우면 위험하다. 유행을 읽되, 커리어의 중심은 유행 밖에 두어야 한다. 그 중심을 만드는 게 진간장이다.

나에게 진간장의 재료가 처음 쌓이기 시작한 순간을 떠올리면, 화려한 승리의 장면이 아니다. 오히려 가장 쓰고 조용한 시절이다. 고등학교를 졸업하고 원하던 대학에 진학하지 못했을 때, 나는 처음으로 '세상이 나를 평가하는 방식'을 경험했다. 서울에서 학교를 다니다가 지방으로 내려가며 느꼈던 낯섦은 단순한 환경 변화가 아니었다. 말투도, 시선도, 그리고 아무렇지 않게 던져지는 말 한마디도 내게는 날카롭게 꽂혔다.

그 시절의 나는 솔직히 흔들렸다. 얼마나 공부를 안 했으면 여기까지 왔냐는 말이 일상처럼 들리던 때, 내가 무엇을 붙잡아야 할지 알지 못했다. 지금 생각해도 돌아가고 싶지 않은 시절이다.

그렇게 2년을 허무하게 보낸 뒤, 나는 군대에 갔다. 그리고 전역하던 무렵, 이상하게도 마음이 단순해졌다. 화려한 계획이 생긴 게 아니다. '이대로는 끝이다.'라는 감각이 들어왔다. 그 감각은 용기가 아니라 생존에 가까웠다. 더 이상 무너질 데가 없다는 걸 알아서였을까? 아니, 이미 내려갈 만큼 내려가 봤다는 걸 알았기 때문인지도 모른다.

복학 후 나는 스스로에게 조건을 걸었다. 남들이 하는 노력 정도로는 다시는 못 올라간다는 걸 알았다. 그래서 루틴을 만들었다. 집과 학교, 그리고 도서관. 강의를 듣고, 기록하고, 다시 읽고, 또 읽었다. 대단한 비법이 있었던 건 아니다. 다만 그 시절 내 삶은 '빠지지 않는 루틴'으로 버텼다. 재미가 있어서가 아니라, 그렇게 하지 않으면 다시 무너질 것 같았기 때문이다.

그때 나는 몰랐지만, 지금 돌아보면 그 시절이 내 진간장의 시작이었다. 진정성은 '변명하지 않는 태도'로 나타났다. 오늘 할 일을 내일로 미루지 않는 것, 늦었다고 포기하지 않는 것, 누가 보든 안 보든 내 기준을 유지하는 것. 간절함은 '매일의 반복'을 가능하게 했다. 자신감이 나를 움직인 것이 아니라, 이번에는 무너질 수 없다는 마음이 나를 움직였다. 장기적 관점은 '조급함을 견디는 기술'로 작동했다. 오늘 당장 결과가 보이지 않아도, 이 시간을 쌓아야 한다는 확신. 그 확신이 흔들리는 날에도 책상으로 돌아오게 했다.

나는 그때부터 커리어의 출발점이 무엇인지 조금씩 알게 되었다. 많은 사람들은 실력에서 출발한다고 믿는다. 스펙에서 출발한다고 믿는다. 하지만 내 경험으로는 커리어는 결국 루틴에서 출발한다. 루틴은 감정으로 만들지 못한다. 감정은 오늘 뜨겁고 내일 식는다. 루틴은 간절함으로 만든다. '해야만 한다'는 마음이 루틴을 만든다. 그리고 루틴이 쌓이면, 어느 순간부터 실력이 된다. 실력은 재능보다도, 반복의 결과로 만들어지는 경우가 훨씬 많다.

이후 FIT 입학을 위해 영어를 붙들고 살았던 시기도 본질은 같았다. 유학을 결심했다고 해서 길이 자동으로 열리는 건 아니었다. 언어는 하루아침에 해결되지 않는다. 낯선 환경은 마음대로 적응되지 않는다. 그때도 나를 움직인 건 "나는 된다."라는 낙관이 아니라 "이번에는 무너질 수 없다."라는 간절함이었다.

비싼 학비는 나를 더 긴장하게 했고, 예전의 실패 기억은 나를 더 채찍질했다. 그래서 또 루틴을 만들었다. 그 루틴은 때로 지루했고, 때로 외로웠다. 하지만 이상하게도 그 시간을 지나고 나면, 사람은 변해 있었다. 그게 진간장의 방식이다. 한 번에 만들어지지 않고, 시간을 먹고 깊어진다.

진간장은 시간이 있어야만 생긴다. 실패가 쌓이고, 부끄러움이 쌓이고, 그 위에 작은 성취가 얹히고, 다시 흔들리는 시간을 지나야 비로소 깊은 맛이 난다. 그래서 진간장에는 장기적 관점이 빠질 수 없다. 눈앞의 평가에만 매달리면 쉽게 상한다. 반대로 길게 보면, 지금의 고생은 어느 순간 복리로 돌아온다. 나는 이것이 커리어에서 가장 강력한 '현실적 희망'이라고 생각한다. 희망은 감정이 아니라 구조로 만들어야 한다. 장기적 관점은 바로 그 구조다.

Part Ⅱ는 그 진간장을 '감정'이 아니라 '기술'로 바꾸는 파트다. 후배들에게 멋진 말만 남기고 싶지 않다. 공감만 얻고 끝내고 싶지도 않다. 실제로 써먹을 수 있게, 다시 말해 흔들릴 때 손에 쥐고 확인할 수 있게, 점검표로 만들어 주고 싶다. 커리어는 운이 아니라 운영이다. 운영의 기본은 체질이고, 그 체질의 바닥이 진간장이다.

나는 후배들에게 하나의 질문을 남기고 싶다. 지금 당신이 흔들리는 이유가 감정 때문인지, 기준이 흔들려서인지. 감정이 흔들리면 누구나 흔들린다. 하지만 기준이 서 있으면 사람은 다시 돌아온다. 커리어는 '좋은 날'이 아니라 '흔들리는 날'에 결정된다. 하기 싫은 일을 끝까지 해내는 방식, 도망치고 싶을 때 내 기준을 지키는 태도, 결과가 늦게 와도 조급해하지 않는 시선. 이런 것들이 쌓이면 결국 커리어는 깊어진다. 그리고 깊어진 커리어는 유행이 바뀌어도 무너지지 않는다.

그래서 나는 이 파트를 진간장 루트라고 부른다. 유행이 변해도, 커리어의 방향은 내가 정해야 한다. 그리고 그 방향을 끝까지 붙잡는 힘이 진간장이다. 이제 다음 장에서부터는 그 진간장을 더 구체적인 항목으로 꺼내 보려 한다. 불행은 겹쳐서 오고, 사람은 그 순간에 방향을 잃는다. 그때 흔들리지 않으려면, 진간장이 먼저 준비되어 있어야 한다.

─────── **핵심 키워드**

- 진정성
- 간절함
- 장기적 관점

7

불행은 겹쳐서 일어나기에
대비하지 않으면 방향을 잃는다

사람들은 종종 "왜 하필 그때?"라고 말한다. 하지만 나는 시간이 지나 돌아볼수록, 그 문장이 위기의 본질을 반만 설명한다는 걸 알게 됐다. 위기는 원래 '그때' 온다. 좋은 일도 겹치고, 나쁜 일도 겹친다. 커리어도 마찬가지다. 한 가지가 흔들릴 때 다른 한 가지도 같이 흔들린다. 돈이 흔들리면 마음이 흔들리고, 마음이 흔들리면 관계가 흔들린다. 그래서 위기는 한 번에 끝나지 않는다. 사건이 아니라 연쇄로 온다.

불행은 예고장을 주지 않는다. 그 사실을 받아들이는 순간부터 대비는 '선택'이 아니라 '실력'이 된다. 우리는 보통 실력을 성과나 스펙으로만 생각하지만, 커리어에서 진짜 실력은 위기 앞에서 드러난다. 흔들렸을 때 무너지지 않는 능력, 무너졌더라도 다시 방향을 회복하는 능력. 나는 그걸 '운항'이라고 부른다. 운항은 바다가 잔잔할 때보다 파도가 높을 때 실력이 갈린다. 그리고 그때 필요한 건 멋진 의지가 아니라, 손에 잡히는 장비와 습관이다.

내가 이 사실을 몸으로 배운 순간이 있다. 부친 회사와 결별하고 나왔을 때다. 그때의 나는 솔직히 자신감이 있었다. FIT를 졸업했고, 미국에서 일을 했고, 조직에서 기획도 영업도 경험했다. 마음 한구석에는 이런 생각이 있었다. '나는 더 좋은 곳으로 갈 수 있다.' 어쩌면 그건 자신감이라기보다 '근자감'에 가까웠을지도 모른다. 시장이 늘 논리대로 움직인다고 믿었고, 실력은 언제든 통한다고 믿었다.

머피의 법칙

현실은 달랐다. 시장은 냉정했고, 구직은 길어졌다. 며칠이 지나고, 몇 주가 지나고, 몇 달이 지나자 내 안에서 먼저 무너진 건 실력이 아니라 자존심이었다. 이력서를 내고 기다리는 시간은 생각보다 길었고, 거절은 생각보다 조용히 왔다. '불합격'이라고 명확히 통보가 오는 것도 아니었다. 대부분은 아무 소식이 없었다. 무소식은 사람을 더 갉아먹는다. 시간이 길어질수록 '내가 틀린 선택을 했나?'라는 질문이 머릿속에서 반복되기 시작했다.

그때 더 무서운 것은 생활이었다. 퇴직금이 바닥을 드러내고, 대출 이자를 걱정해야 하는 시점이 오면, 마음은 자연스럽게 좁아진다. 판단도 좁아진다. 사람은 위기에서 큰 결정을 빨리 내리고 싶어 한다. 빨리 끝내고 싶기 때문이다. 하지만 위기에서 가장 위험한 것은 빠른 결론이다. 불안이 올라오면 결론은 대개 '도피' 쪽으로 기운다. 떠나고 싶다, 접고 싶다, 누군가 탓하고 싶다. 그 세 가지 감정은 위기 때 특히 강하게 올라온다. 그리고 그 감정대로 움직이면 상황은 대부분 더 악화된다.

나는 그 시기에 깨달았다. 위기는 자존심을 먼저 무너뜨리고, 그다음에 생활을 흔든다. 그리고 생활이 흔들리면 관계까지 흔들리기 시작한다. 사람을 만나기가 부담스러워지고, 전화가 오면 피하고 싶어지고, 괜찮은 척하는 연기를 한다. 결국 바깥으로는 멀쩡해 보여도, 안에서는 균열이 늘어난다. 이런 연쇄가 시작되면, 방향을 잃는 건 한순간이다. 내비게이션이 꺼진 채 바다에 나가는 느낌이 딱 그렇다. 어디로 가야 할지 아는데도, 어디로 가고 있는지 모르게 된다.

그래서 나는 대비를 '보험'이라고 부르지 않는다. 보험은 불행이 온 다음에 효력을 발휘한다. 하지만 커리어에서 대비는 불행이 오기 전에 미리 작동해야 한다. 나는 대비를 운항 장비라고 본다. 파도를 없앨 수는 없지만, 파도 위에서 배가 뒤집히지 않게 하는 장치들. 그 장치들은 거창한 철학이 아니라, 결국 아주 현실적인 것들이다.

첫째는 현금 흐름이다. 돈 이야기를 하면 멋이 없다고 말하는 사람도 있다. 하지만 위기에서 멋은 도움이 되지 않는다. 커리어의 위기는 시간이 문제다. 시간이 길어질수록 선택지가 줄어든다. 선택지를 지키는 가장 현실적인 방패가 현금 흐름이다.

둘째는 체력이다. 체력은 단순한 건강 문제가 아니다. 판단력과 감정 조절 능력의 기반이다. 잠이 무너지면 마음이 무너지고, 마음이 무너지면 관계가 무너진다. 체력은 결국 멘탈의 하드웨어다.

셋째는 관계다. 관계는 인맥 자랑이 아니다. 위기 때 현실적인 문을 열어 주는 통로다. 그리고 무엇보다 관계는 "위기 때 만들 수 없다." 위기 때는 사람이 조급해지기 때문에 관계를 '거래'처럼 만들기 쉽다. 관계는 평소에 쌓여야 한다. 평소의 성실함과 신뢰가, 위기 때는 예상치 못한 문을 연다.

여기서 후배들에게 꼭 하고 싶은 이야기가 있다. 위기는 피할 수 없다. 다만 위기가 겹칠 때 무너지는 방식은 바꿀 수 있다. 그러려면 위기에서 무엇을 해야 하는지보다, 사실은 무엇을 하지 말아야 하는지를 먼저 정해 두는 게 좋다. 위기에서 사람은 큰 결정을 하고 싶어 한다. 하지만 위기에서는 큰 결정보다 작은 기준이 더 중요하다. 나는 그 시절을 지나며 '위기 때의 기본 규칙' 같은 것이 생겼다.

먼저, 위기일수록 결론을 빨리 내지 말자. 결론이 아니라 '하루의 루틴'을 먼저 고정하자. 오늘 할 일을 오늘 끝내는 것, 생활 리듬을 유지하는 것, 몸을 무너뜨리지 않는 것. 이건 별것 아닌 것 같지만, 위기에서 루틴이 무너지면 자존감이 급속도로 떨어진다.

둘째, 위기일수록 사람을 끊지 말자. 관계가 꼬일수록 사람은 혼자 있고 싶어 한다. 하지만 혼자 있는 시간이 길어질수록 생각은 더 부정적으로 굳는다. 딱 한 사람이라도 좋다. 내 편이 되어 줄 사람, 혹은 내가 무너질 때 현실을 붙잡아 줄 사람과의 관계를 유지해야 한다.

셋째, 위기일수록 '내 방식의 단점'을 기록하자. 평소에는 성과가 단점을 덮어 준다. 하지만 위기에서는 단점이 날카롭게 튀어나온다. 이때 내 단점을 외면하면 반복해서 같은 방식으로 무너진다. 반대로 단점을 기록하면, 위기는 '반복'이 아니라 '전환'이 될 수 있다.

그리고 마지막으로, 성과가 좋을 때일수록 조직의 온도를 확인하자. 이 말이 낯설 수도 있다. 하지만 커리어의 위험은 대개 성과가 좋을 때 시작된다. 성과가 좋으면 주변의 불편함이 보이지 않는다. 내 방식이 통한다고 믿기 쉽다. 그때 조직의 공기는 조용히 달라질 수 있다. 예고 없이. 그러다가 어느 순간 관계의 긴장이 쌓이고, 평가가 미묘하게 달라지고, 내 마음을 붙잡아 주던 사람이 사라지면, 연쇄는 한꺼번에 터진다.

　내가 크게 흔들렸던 시기에는 늘 몇 가지가 겹쳐 있었다. 조직의 평가가 달라지고, 사람 관계의 긴장이 쌓이고, 무엇보다 마음의 중심이 빠지는 사건이 있었다. 그때 나는 일의 의미를 잃는다는 감각을 처음 알았다. 업무가 줄어든 게 아니었다. 회의가 줄어든 것도 아니었다. 그런데 마음의 중심이 빠지니 모든 일이 '형식'으로 느껴졌다. 그 순간부터 사람은 방향을 잃는다.

　그래서 이 장에서 말하고 싶은 결론은 단순하다. 불행은 겹친다. 대비가 없으면 커리어는 방향을 잃는다. 그렇다고 불행을 두려워할 필요는 없다. 불행이 겹친다는 사실을 인정하면 오히려 멘탈이 덜 무너진다. '왜 하필 나에게….'라고 생각하는 순간부터 방향을 잃는다. '그럴 수 있다.'라고 생각하면 다음 행동이 보인다. 커리어는 결국 이 '다음 행동'이 쌓여서 성과가 된다.

　다음 장에서는 더 직접적인 질문을 하려 한다. 방향을 잃지 않기 위해서는 결국 '종착역'을 스스로 정해야 한다. 위기가 오면 사람은 흔들리고, 흔들리면 종착역을 남이 정해 준다. 커리어의 종착역을 스스로 정하는 사람만이, 겹치는 불행 속에서도 항로를 유지한다.

───────　**핵심 키워드**

- 연쇄
- 대비
- 루틴

8

종착역은 스스로 정해야 한다

종착역은 회사가 정해 주지 않는다. 조직은 늘 다음 분기와 다음 해를 본다. 눈앞의 성과와 리스크, 비용과 효율을 따진다. 그것은 조직의 숙명이다. 문제는 개인의 시간이 그보다 훨씬 길다는 데 있다. 사람은 한 회사의 계획보다 더 긴 시간을 살아야 하고, 더 많은 계절을 통과해야 한다. 그래서 종착역은 결국 스스로 정해야 한다.

여기서 말하는 종착역은 "내가 하고 싶은 대로 살겠다."라는 선언이 아니다. 오히려 반대다. 종착역을 스스로 정한다는 말은, 내 커리어의 기준을 내가 책임지겠다는 뜻이다. 어떤 선택을 하든 그 결과를 남 탓으로 돌리지 않겠다는 뜻이고, 시간이 지나도 후회가 덜한 방식으로 나를 운영하겠다는 뜻이다. 삶도 그렇지만 커리어는 '정답'을 고르는 게임이 아니다. '책임'을 감당할 수 있는 선택을 하는 게임에 가깝다.

이직을 하든, 버티든, 선택에는 늘 그럴듯한 이유가 붙는다. 더 좋은 조건, 더 큰 조직, 더 맞는 역할. 물론 그것도 중요하다. 그러나 진짜 이유는 그 아래에 숨어 있다. 내가 지금 무엇을 지키고 싶은지, 무엇을 더는 잃고 싶지 않은지, 무엇을 포기하고도 가져가고 싶은지. 이 질문이 정리되지 않으면 사람은 늘 '상황'에 끌려가게 된다.

종착역이 없으면 항로가 생기지 않는다. 항로가 없으면 하루하루가 우연처럼 흘러가고, 우연이 쌓이면 어느 순간 내가 원하지 않는 곳에 도착해 있다.

나는 여러 번 선택의 갈림길에 섰다. 그때마다 마음속에서 싸우는 두 사람이 있었다. 하나는 "지금 가진 걸 지켜야 한다."라는 사람이고, 다른 하나는 "지금 가진 걸 내려놓고 더 큰 곳으로 가야 한다."라는 사람이다. 두 사람 모두 틀리지 않았다. 다만 그 두 사람을 조율하는 기준이 없으면 선택은 늘 흔들린다.

그래서 나는 후배들에게 이렇게 말해 주고 싶다. 선택의 순간에는 정답을 찾으려 하지 말고, 먼저 종착역을 점검하라고. 종착역이 선명해지면 경유지가 보이고, 경유지가 보이면 선택지의 의미가 달라진다.

그 사실을 가장 선명하게 느낀 순간이 있다. A|X에서 일하며 미국 생활이 안정되어 가던 시기였다. 일이 생겼고, 결혼도 했고, 곧 아들이 태어날 예정이었다. 바깥에서 보면 흔히 말하는 '정착'의 그림이 그려지던 때다. 그때 아버지에게서 연락이 왔다. IMF 이후 회사가 어려워졌으니 들어와서 운영에 참여해 달라는 제안이었다. 그 제안은 단순한 부탁이 아니었다. '가족'이라는 단어 하나가 모든 계산을 흔들어 놓는 종류의 제안이었다.

그때 나는 며칠 동안 같은 질문을 반복했다. 미국에 남아 계속해서 커리어를 이어 갈 것인가, 아니면 모든 걸 접고 귀국할 것인가. 한쪽에는 안정이 있었고, 다른 한쪽에는 책임이 있었다. 한쪽에는 내가 쌓아 온 커리어의 흐름이 있었고, 다른 한쪽에는 아버지의 시간과 가족의 현실이 있었다. 누구도 대신 결정해 줄 수 없는 문제였다. 남아도 맞고, 돌아가도 맞는 선택처럼 보였다.

그렇지만 결정을 미룰수록 마음은 더 흔들렸다. 그때 깨달았다. 선택이 힘든 이유는 정보가 부족해서가 아니라, 기준이 선명하지 않아서라는 걸.

내가 그때 붙잡은 기준은 거창하지 않았다. "지금 내가 끝까지 책임질 수 있는 쪽은 어디인가." "내가 감당할 수 있는 죄책감은 무엇인가." 그리고 아주 현실적으로 "내 가족에게 더 안전한 선택은 무엇인가." 이 질문들에 대한 답을 붙잡고 나서야 결정은 조금씩 정리되기 시작했다. 귀국을 결심했고, 그 선택이 옳았는지 그른지에 대한 평가는 지금도 단정할 수 없지만 한 가지는 확실하다.

그 결정은 누군가의 정답을 가져온 것이 아니라, 내가 세운 기준으로 내가 감당한 선택이었다. 그리고 그 뒤에 더 중요한 건 '선택 자체'가 아니라 그 선택을 운영하는 힘이었다. 돌아왔으니 잘 해내야 했다. 들어갔으니 성과를 만들어야 했다. 선택이 끝이 아니라 시작이 된 것이다.

이 대목에서 후배들에게 꼭 덧붙이고 싶은 현실적인 말이 있다. 요즘 후배들은 종착역을 말할 때, 종종 '한 회사에서 오래 버티는 것'과 '좋은 타이틀을 빨리 얻는 것' 사이에서만 고민한다.

그러나 커리어의 형태는 둘만 있는 게 아니다. 30년 장기근속(공채)처럼 한 조직 안에서 복리로 성장하는 방식이 있고, 25년 경력직처럼 여러 조직의 언어를 넘나들며 시장 가치로 성장하는 방식도 있다. 장기근속은 한 조직의 세계관 안에서 신뢰와 정보가 쌓이는 장점이 있다. 반면 경력직은 매번 문법이 바뀌고, 매번 새로 증명해야 한다.

대신 전환에 성공하면 시장 가치가 빨리 커질 때도 있다. 중요한 건 어느 쪽이 더 멋있냐가 아니다. 내가 어떤 방식의 항해에 더 맞는지, 그 항해를 감당할 체력이 있는지다. 종착역은 '이력서의 문장'이 아니라 '살아 낼 방식'이기 때문이다.

내가 대기업 임원으로 보냈던 시간이 전성기였다고 말하는 이유도 여기에 있다. 대우가 좋아서만은 아니다. 더 큰 판에서 더 큰 책임을 지고, 더 높은 기준으로 평가받으며, 결과가 숫자와 시장으로 확인되는 경험은 분명히 사람을 성장시킨다. 그리고 그 시간은 후배들을 볼 때 더 많은 것을 보게 만들었다. 특히 공채 면접관을 맡았던 경험은 후배들의 현실을 날것 그

대로 보게 했다. 면접장에서 많은 지원자들은 '실력'보다도 '압박과 긴장'
을 이기지 못했다.

그런데 더 놀라운 건, 그렇게 어렵게 입사한 공채 인력 중 적지 않은 비
율, 약 40% 이상이 3년 이내에 회사를 떠난다는 사실이었다. 윗사람과의
갈등, 동료와의 충돌, '회사가 내 능력을 알아주지 않는다.'라는 감정. 이유
는 늘 비슷했다.

여기서 종착역의 의미가 더 선명해진다. 많은 후배들이 '나를 알아주는
곳'을 종착역처럼 생각한다. 하지만 회사는 본질적으로 '나를 알아주기 위
해' 존재하는 곳이 아니다. 성과와 관계가 동시에 운영되는 곳이다. 인정은
목표가 아니라 결과이며 성과와 신뢰가 쌓이면 따라오는 부산물이다. 인정
부터 요구하면 커리어는 빨리 지친다.

그래서 종착역을 정할 때도 '나를 인정해 줄 회사'만 찾으면 흔들릴 가능
성이 커진다. 그보다 먼저 봐야 할 건 '내가 운영할 수 있는 판인가'다. 내
가 어떤 방식으로 신뢰를 쌓을 수 있는지, 어떤 환경에서 성과가 나는지,
어떤 사람들과 일할 때 내 기준이 지켜지는지를 먼저 봐야 한다.

그래서 나는 후배들에게 이렇게 말한다. 회사에 맞추는 사람이 되기 전
에, 내 커리어를 운영하는 사람이 되어라. 관점이 바뀌면 질문이 달라진다.
"이 회사가 나를 얼마나 인정해 주는가."가 아니라 "나는 이 환경에서 무엇
을 만들 수 있나." "나는 어떤 방식으로 신뢰를 쌓을 것인가." "나는 어떤
사람들과 일할 때 내 페이스가 살아나는가." 이 질문이 쌓이면 종착역은 환
상이 아니라 프레임이 된다.

그리고 종착역을 정할 때 많은 후배들이 한 번은 반드시 맞닥뜨리는 질
문이 있다. 임원이 목표인가. 아니면 내가 원하는 것은 스타트업 대표인가.
둘은 같은 '성공'이라는 말 안에 들어가지만, 완전히 다른 항로다. 임원은
조직 안에서 성과를 만들고, 사람을 운영하고, 시스템을 설계하는 역할이
다. 대표는 불확실성을 끌어안고, 자원을 만들어 내고, 시장과 고객을 설득
하며 생존을 반복하는 역할이다. 둘 다 어렵다.

다만 어려움의 종류가 다르다. 그래서 이 질문은 멋이 아니라 구조로 봐야 한다. 내가 감당할 수 있는 책임의 크기, 불확실성의 밀도, 그리고 내가 존중할 수 있는 사람들과 일할 수 있는 환경. 이 세 가지를 보면 종착역은 '멋'이 아니라 '가능성'으로 정리된다.

이제 다시 1안의 핵심으로 돌아가자. 종착역은 '목적지'라기보다 Heading, 즉 '그때그때 점검해야 하는 방향'에 가깝다. 바다는 늘 바뀐다. 바람이 바뀌고, 물결이 바뀌고, 날씨가 바뀐다. 커리어도 마찬가지다. 시장이 바뀌고, 조직이 바뀌고, 내 체력도 바뀐다. 그러니 종착역을 한 번 정했다고 끝나는 게 아니다. 정기적으로 점검해야 한다.

항로를 재설정하는 능력은 우유부단함이 아니라 실력이다. 문제는 항로를 바꾸는 게 아니라, 항로가 바뀌었는데도 모르고 계속 같은 방향으로 가는 것이다. 그때 사람은 지치고 결국 '떠나고 싶다'는 감정만 남는다.

떠나고 싶은 순간일수록 종착역 질문을 다시 해야 한다. 감정은 늘 현재를 과장한다. 힘든 오늘이 영원할 것처럼 느껴지게 한다. 그 순간에 성급하게 결론을 내리면, 종착역이 아니라 '피난처'를 고르게 된다. 피난처는 잠깐은 편해 보이지만 시간이 지나면 더 큰 대가를 요구한다.

그래서 나는 후배들에게 '떠나기 전에' 스스로에게 다시 묻기를 권한다. 내가 무엇을 지키려 하는지, 무엇을 잃고 싶지 않은지, 무엇을 포기하고도 끝까지 가져가고 싶은지. 이 질문에 답이 생기면 선택은 단단해진다. 선택이 단단해지면 같은 제안도 다른 의미로 보인다. 어떤 사람에게는 도망처럼 보이는 선택이, 어떤 사람에게는 전략이 된다. 그 차이는 결국 소신에서 나온다.

종착역을 정한다는 것은 결국 소신을 정리하는 일이다. 소신은 고집이 아니다. 상황을 무시하는 무모함도 아니다. 소신은 내 기준을 알고, 그 기준으로 내 선택을 설명할 수 있는 능력이다. 나는 후배들에게 이것을 '설명 가능성'이라고 말하고 싶다.

내가 내 선택을 3년 뒤의 나에게 설명할 수 있는가. 지금은 불안하고 흔들리고 답이 없어도, 3년 뒤의 내가 돌아봤을 때 '그때의 나는 그럴 수밖에 없었다.'라고 납득할 수 있는가. 납득이 된다면 그 선택은 완전히 틀리지 않았다. 반대로 납득이 되지 않는 선택은 시간이 지나면서 반드시 내 안에서 균열을 만든다.

종착역이 선명해지면 일의 방식도 달라진다. 어떤 역할을 맡아야 하는지, 어떤 사람과 일해야 하는지, 어떤 성과를 만들어야 하는지, 무엇을 포기해야 하는지. 종착역은 목표를 세우면 방법이 따라온다는 낭만이 아니라 '방법을 고르는 기준'을 만들어 준다. 흔들릴 때 가장 필요한 건 새로운 정보가 아니라 기준이다. 기준이 서면 불확실한 상황에서도 다음 행동을 선택할 수 있다. 커리어에서 결국 성과로 이어지는 것도 이다음 행동의 누적이다.

다음 장에서는 그 '다음 행동'을 더 현실적으로 다루려 한다. 종착역이 선명해져도 항로는 매일 부딪힌다. 사람은 깨지고 욕을 먹는다. 그때 상처를 피할 수는 없다. 다만 상처를 성장으로 바꾸는 방식은 배울 수 있다. 그래서 9장에서는 후배들이 가장 힘들어하는 질문으로 들어가겠다. "깨지고 욕 먹는 것은 정말 나쁜 일인가."

─────── **핵심 키워드**

- 기준
- 책임
- 소신

9

깨지고 욕먹는 것은 나쁜 일이 아니다

후배들에게 가끔 이런 말을 하면 표정이 갈린다. "깨지는 건 나쁜 일이 아니다." 어떤 친구는 고개를 끄덕이고, 어떤 친구는 속으로 반박한다. 깨지는 게 어떻게 좋은 일이냐고. 기분이 나쁘고, 자존심이 상하고, 밤에 이불을 덮어도 계속 머릿속에 떠오르는데 그걸 긍정하라고? 충분히 이해한다. 나도 그랬다. 다만 커리어를 길게 끌고 가다 보면 결국 한 가지 사실을 마주하게 된다. 깨짐은 피할 수 없다. 문제는 깨짐 자체가 아니라, 깨짐을 처리하는 방식이다.

커리어 초반에는 누구나 실수한다. 모르는 게 많고, 판단이 늦고, 눈치가 없고, 무엇보다 현장과 조직의 리듬을 모른다. 그런데 이 시기에 중요한 것은 실수를 '없애는 것'이 아니다. 실수를 없애려는 마음은 오히려 사람을 움츠러들게 만든다. 중요한 건 실수의 '종류'를 바꾸는 것이다.

처음에는 기본 실수를 한다. 그러다 다음에는 판단 실수를 한다. 그다음에는 조율 실수를 한다. 단계가 바뀌어야 사람이 성장한다. 기본 실수만 반복하면 성장하지 못하고, 판단 실수로 넘어가야 일의 무게가 달라진다. 그리고 조율 실수로 넘어가야 비로소 리더의 길이 열린다. 같은 자리에서 같은 실수만 반복하는 게 진짜 문제다.

욕을 먹는 것도 비슷하다. 욕을 먹는다는 건 내가 일을 하고 있다는 증거이기도 하다. 아무런 마찰이 없다면, 내가 영향력을 만들고 있지 않을 가능성이 높다. 특히 유통과 영업, 기획처럼 사람과 사람 사이에서 결정이 내려지는 분야에서는 마찰이 없다면 오히려 불안해야 한다.

다만 욕도 종류가 있다. 감정이 섞인 욕이 있고, 실무의 정보가 섞인 욕이 있다. 감정은 흘려보내야 하고, 정보는 기록해야 한다. 문제는 욕이 들어오는 순간 대부분의 사람은 감정부터 받아들인다는 데 있다. 그래서 상처가 된다. 상처가 되면 방어가 생기고, 방어가 생기면 학습이 멈춘다.

나는 영업을 처음 맡았을 때 이 감각을 제대로 맛봤다. 기획을 하던 사람이 영업을 맡는다는 건, 말 그대로 현장에 내 몸을 던진다는 뜻이다. 전국의 매장을 돌고, 매니저의 목소리를 듣고, 바이어의 표정을 보는 일이 일상이 된다. 그때 깨달았다. 사무실에서의 '옳은 말'이 현장에서는 '쓸모없는 말'이 될 수 있다는 걸. 어느 날 매장을 돌며 바이어를 만났을 때였다.

나는 브랜드의 계획과 방향을 설명했고, 어떻게 개선할지를 이야기했다. 그런데 돌아온 말은 차가웠다. "사장 아들이 영업한다고 뭐가 달라지겠나." 그 한 문장이 오래 남았다. 칼처럼 날아와서, 의욕과 자존심을 동시에 베었다. 그 순간 머릿속에는 많은 생각이 지나갔다. 반박하고 싶었고, 억울했고, 내가 준비해 둔 것을 증명해 보이고 싶었다.

하지만 현장은 감정으로 설득되는 곳이 아니었다. 그날 이후 나는 하나를 배웠다. 현장에서의 욕은 내 존재를 부정하는 말처럼 들릴 수 있지만, 그 안에는 정보가 섞여 있다는 사실을.

그 정보는 단순했다. "말로는 안 된다. 결과로 보여 줘라." "한 번의 설명으로는 부족하다. 반복적으로 체감하게 만들어라." 그리고 더 중요한 정보가 하나 있었다. "당신이 바꾸려는 건 시스템이고, 시스템은 시간이 걸린다." 그날의 냉소는 나를 작게 만들기도 했지만, 동시에 내 방식의 결점을 보게 했다.

나는 논리로 설득하려고 했고, 계획으로 납득시키려고 했다. 현장은 논리 이전에 경험으로 판단한다. 매장은 계획 이전에 매출과 고객 반응으로 평가한다. 그 차이를 이해하는 순간, 나는 욕을 '상처'가 아니라 '좌표'로 바라보기 시작했다. 내가 어디에서 틀렸는지, 어디로 움직여야 하는지 알려 주는 좌표 말이다.

여기서 후배들에게 꼭 해 주고 싶은 말이 있다. 깨지고 욕먹는 순간, 가장 먼저 해야 할 일은 마음을 강하게 만드는 게 아니다. 강해지려고 애쓰면 오히려 감정이 더 뻣뻣해진다. 중요한 건 회복하는 법을 익히는 것이다. 회복은 감정이 아니라 기술이다.

회복의 첫 번째 기술은 사실과 감정을 분리하는 것이다. "기분이 상했다."라는 감정은 자연스럽다. 하지만 감정 위에 사실까지 덧칠하면 문제가 커진다. "저 사람은 나를 싫어한다." "나는 끝났다." "나는 안 맞는다." 이런 결론은 대부분 감정이 만든 과장이다. 감정은 현재를 크게 만든다. 그래서 회복의 시작은 기분을 무시하는 게 아니라, 기분을 인정한 뒤 사실만 남기는 것이다. "방금 내가 들은 말은 무엇이었나?" "그 말이 지적한 실무의 포인트는 무엇이었나?" "내가 당장 바꿀 수 있는 행동은 무엇이었나?" 이 세 가지로 정리하면, 상처는 여전히 남아도 방향이 생긴다.

두 번째 기술은 통제 가능한 요소를 찾는 것이다. 커리어에서 사람을 가장 지치게 만드는 건 '통제 불가능'을 통제하려는 시도다. 상대의 기분, 조직의 정치, 구조적 한계, 시대의 흐름. 이건 내가 바꾸기 어렵다. 반대로 내가 바꿀 수 있는 것은 내 준비, 내 말, 내 일정 관리, 내 보고 방식, 내 현장 점검의 빈도다. 깨질 때마다 '저 사람은 왜 저럴까?'를 생각하면 에너지가 낭비된다. '내가 바꿀 수 있는 건 무엇인가.'로 질문을 바꾸면, 에너지가 쌓인다. 작은 변화가 반복되면, 어느 순간 깨짐의 강도가 줄어든다. 욕이 줄어드는 게 아니라, 욕이 '정보'로 들리기 시작한다. 그때부터 커리어가 편해진다.

세 번째 기술은 시스템을 바꾸는 것이다. 같은 자리에서 같은 방식으로 깨지면, 그건 실력이 아니라 구조의 문제다. 구조를 바꾸려면 '다음에는 같은 위치에서 같은 방식으로 깨지지 않게' 설계를 바꿔야 한다.

예를 들어 같은 이유로 보고에서 깨진다면 보고서를 고치는 게 아니라 보고의 순서를 바꿔야 한다. 사전에 합의할 포인트를 정하고, 상대의 언어로 먼저 결론을 맞춘 뒤 디테일로 들어가야 한다. 매장에서 같은 이유로 지적을 받는다면, 현장 방문 횟수를 늘리는 게 아니라 방문 목적을 바꿔야 한다. '점검'이 아니라 '해결'의 방문이 되어야 한다. 작은 설계의 변화가 반복되면, 깨짐은 줄지 않아도 '같은 이유로 깨지는 반복'은 사라진다. 그게 성장이다.

내가 경험으로 확신하게 된 것은 이것이다. 실무는 칭찬으로 배우지 않는다. 문제로 배운다. 그래서 깨짐은 실패가 아니라 피드백이다. 욕은 감정처럼 들리지만, 그 안에는 정보가 섞여 있다. 문제는 깨짐 자체가 아니라, 같은 방식으로 반복해서 깨지는 것이다. 그러니 후배들에게 이렇게 말해주고 싶다. "깨져도 괜찮다. 하지만 같은 이유로 깨지는 건 멈춰야 한다." 그때는 마음을 단련하기보다 방식을 바꾸는 게 먼저다.

그리고 진간장은 여기서도 작동한다. 간절함은 버티게 하고, 장기적 관점은 다시 일어나게 한다. 진정성은 깨진 뒤에도 기준을 유지하게 만든다. 깨지는 순간 사람은 보통 비겁해진다. 책임을 미루거나, 핑계를 만들거나, 누군가를 탓하고 싶어진다. 그때 진정성이 기준이 된다. "내가 지금 해야 할 최소한은 무엇인가." "내가 지켜야 할 원칙은 무엇인가." 그 질문을 놓치지 않는 사람이 결국 멀리 간다.

마지막으로 한 문장을 남기고 싶다. 커리어는 '깨지지 않는 사람'이 이기는 게임이 아니다. '깨지고도 회복하는 사람'이 이기는 게임이다. 회복은 타고나는 게 아니라 훈련으로 만들어진다. 오늘 한 번 깨졌다면, 오늘의 상처를 '내일의 시스템'으로 바꿔라. 그게 커리어가 깊어지는 방식이다.

─────── **핵심 키워드**

- 피드백
- 분리
- 재설계

10

대세론은 존재한다

Part Ⅱ에서 가장 설명하기 어려운 장이 있다면, 나는 주저 없이 10장을 꼽는다. '대세론'이라고 하면 대개 사람들은 시장의 큰 흐름이나 유행의 방향, 혹은 패션 트렌드를 떠올린다. 그런데 내가 말하는 대세론은 전혀 다르다. 오히려 불편하지만 피할 수 없는 현실에 가깝다.

내가 말하는 대세론은 조직 안에서 "누가 결정권을 쥐고 있는가.", 혹은 "누가 리더의 결정을 움직이는가."를 읽는 능력이다. 정치로 치면 누가 대중의 지지를 받고 있으며, 누가 차기 지도자로 낙점되어 있는지를 가늠하는 감각과 비슷하다. 실적이 중요하지 않다는 말이 아니다. 다만 실적만으로는 설명되지 않는 결정들이 실제로 존재하고, 그 결정들은 대부분 '사람'을 통해 일어난다는 뜻이다.

우리는 흔히 기업이나 조직은 합리적으로 움직인다고 믿는다. 손익 중심이고 효율 위주로 판단할 것이라고 생각한다. 물론 많은 경우는 맞다. 하지만 실제 조직의 결정은 늘 '숫자 + 사람 + 타이밍'이 섞여 나온다. 스포츠로 치면 우승 감독이 다음 해에도 또 우승한다는 보장은 없고, 대박을 낸

펀드 매니저가 계속 대박을 이어 간다는 보장도 없다. 패션도 같다. 디자이너와 MD가 매 시즌 히트 상품을 만드는 것은 불가능에 가깝다.

그렇다면 성과가 흔들리는 순간, 조직은 누구를 믿고 방향을 정할까? 그때 등장하는 것이 '대세'다. 성과가 조금 출렁여도 위에서 신임을 받는 사람, 차기 리더로 이미 '그림'이 그려진 사람, 결정의 테이블에 늘 앉는 사람. 그들이 조직의 항로를 좌우한다.

패션 대기업에서는 이런 장면이 특히 자주 보인다. 예를 들어 한 브랜드의 실적이 꺾이면서 리빌딩이 필요해졌다고 하자. 숫자만 보면 "상품 구조를 바꾸자, 유통 전략을 바꾸자."가 답이다. 그런데 실제로는 "누가 그 판을 주도할 것인가."에서 승부가 갈린다. 상품이 주도할지, 영업이 주도할지, 마케팅이 주도할지, 혹은 경영 기획이 판을 짤지. 이때부터 논리만으로는 결론이 나지 않는다. 의사 결정의 축이 '사람' 쪽으로 이동한다.

회의실에서는 말의 무게가 사람에 따라 달라진다. 같은 제안을 해도 어떤 사람이 하면 '좋은 전략'이 되고, 다른 사람이 하면 '현실을 모르는 이야기'가 된다. 그 차이가 실력만으로 설명되지 않을 때가 있다. 그게 대세론이 작동하는 순간이다.

내가 이 감각을 가장 날카롭게 배운 곳이 MCM이었다. 그때 백화점 1층은 단순한 매장 위치가 아니었다. 브랜드의 위상과 매출, 그리고 다음 시즌의 협상력이 한 번에 결정되는 전장이었다. 시간이 흐르면서 럭셔리 브랜드들이 1층을 장악해 가는 흐름은 거스를 수 없었다. 문제는 그 흐름이 '원칙'이나 '성과'만으로 움직이지 않는다는 점이었다. 같은 숫자를 놓고도, 누가 그 숫자를 해석하는가에 따라 결론이 달라졌다.

협상 테이블에서 자주 반복되던 문장이 있다. "브랜드 구성이 바뀌어야 합니다." "층 전체의 밸런스를 맞춰야 합니다." "이번 시즌은 이동이 필요합니다." 말은 늘 합리적이었다. 하지만 그 합리 뒤에는 늘 '사람'이 있었다. 누가 지금 그 층의 방향을 쥐고 있는지, 누가 리더에게 가장 큰 영향력을 갖는지, 그리고 의사 결정권자들이 MCM을 어떤 브랜드로 '정의'하고 있는지. 그 정의가 한번 굳으면 숫자만으로는 뒤집기 어렵다.

그래서 나는 전략을 바꿨다. "우리가 왜 1층에 있어야 하는가."를 매출 표로만 설득하지 않았다. 1층에서 우리가 어떤 고객을 만들고, 어떤 트래픽을 견인하고, 어떤 방식으로 백화점의 얼굴을 지켜 왔는지, 숫자와 장면을 함께 묶어서 보여 주려고 했다. 무엇보다 상대의 세계관을 읽어야 했다. 바이어가 지켜야 하는 것은 단순히 매출이 아니라 '층의 권위'와 '리더에게 보고 가능한 논리'였다. 그걸 이해하지 못하면 내 논리가 아무리 맞아도 설득은 실패한다.

그 과정은 매끄럽지 않았다. 부딪힘이 많았고 감정도 상했다. 내부적으로도 피로가 쌓였다. 현장은 더 거칠었다. 매장 직원들은 '오늘도 버티는 날'이라는 표정이었고, 영업 조직은 매출을 만들면서도 다음 이동 논리를 막아야 했다. 그때 나는 깨달았다. 조직 안에서도 밖에서도 결국 항로를 좌우하는 것은 "누가 결정하는가, 무엇을 중요하게 보는가, 그리고 나는 그들의 언어로 내 일을 설명할 수 있는가."라는 사실이었다. 이게 내가 말하는 대세론이다.

여기서 많은 후배들이 흔히 빠지는 착각이 있다. "원칙대로 하면 된다."라는 믿음이다. 물론 원칙은 중요하다. 학력 좋고, 인성 좋고, KPI까지 완벽하다면 걱정할 게 없다고 말할 수도 있다. 맞는 말이다. 그러나 어느 선까지만 맞다. 조직의 자리는 한정돼 있고, 그 자리를 원하는 사람은 넘친다. 수요와 공급의 법칙이 작동하는 순간, 실력은 기본값이 되고 그 위에서 다른 요소가 승부를 가른다. 그 요소 중 하나가 평판이고, 또 하나가 관계이며, 또 하나가 '흐름을 읽는 감각'이다.

여기서 내가 경계하고 싶은 오해가 있다. 대세론을 말하면 사람들은 곧바로 '줄서기'를 떠올린다. 그리고 그걸 아부나 정치로만 이해한다. 하지만 내가 말하는 요지는 그게 아니다. 누가 올라갈지 내려갈지를 점치며 베팅하라는 뜻도 아니다. 그 방식은 내 운명을 남에게 맡기는 방식이고, 대부분 오래가지 못한다.

내가 말하고 싶은 건 더 현실적이다. '일을 잘하는 것'과 '일이 잘되게 만드는 것'은 다르다는 사실을 인정하라는 말이다. 일이 잘되게 만들려면 결정권자와 영향력자의 언어를 이해하고, 내 일을 평소에 설명할 수 있어야 한다. 실무적으로 완벽한데도 위와의 소통이 끊겨 '보이지 않는 사람'이 되는 경우를 나는 여러 번 봤다.

반대로 실무 능력은 평균인데 보고가 명확하고 관계가 안정적이라 '위험하지 않은 카드'로 평가받는 사람도 있다. 조직은 위기일수록 위험하지 않은 카드를 쥔다. 그러니 실력만 믿고 '알아서 알아주겠지.'라고 생각하면 커리어는 생각보다 쉽게 흔들린다.

Part Ⅰ에서 내가 부친 회사에서 영업으로 영역을 넓히며 매장을 돌던 시절을 이야기했었다. 현장에 가면 많은 일들이 숫자 바깥에서 결정된다는 걸 배운다. 바이어의 한마디, 매니저의 표정, 본사와 현장의 온도 차, 그리고 '이 브랜드를 어떻게 보고 있는지'라는 인식. 그 인식은 보고서에 잘 드러나지 않는다.

하지만 실제로는 그 인식이 매장 배치, 물량, 행사, 그리고 다음 시즌의 기회를 좌우한다. 결과는 숫자로 나오지만, 숫자는 관계와 인식 위에서 만들어진다. 조직도 마찬가지다. KPI는 결과이고, 그 결과가 가능해지는 환경은 결국 사람을 통해 만들어진다.

그렇다면 후배들은 무엇을 해야 할까? 나는 대세론을 '아부의 기술'이 아니라 '운항의 기술'로 이해하라고 말하고 싶다.

첫째, 상사와의 관계는 감정이 아니라 '소통'으로 관리해야 한다. 보고는 단순히 결과를 올리는 행위가 아니다. 내 일이 어떤 맥락에서 움직이는지, 어떤 리스크가 있는지, 어떤 선택이 필요한지를 평소에 공유하는 과정이다. 그래야 책임자가 바뀌어도 최소한 "저 친구가 뭘 하는지 흐름이 보인다."라는 평가가 남는다. 조직에서 가장 위험한 상태는 미움을 받는 게 아니라, 존재가 흐려지는 것이다.

둘째, 동료와 부하 직원, 협력사까지 포함한 평판을 관리해야 한다. 커리어는 결국 네 방향에서 평가가 결정된다. 상사, 동료, 부하 직원, 그리고 함께 일하는 파트너(협력사·유통·외부 이해관계자). 이 네 방향이 동시에 무너지면 정보에서 소외된다. 정보에서 소외되면 판단이 늦어진다. 판단이 늦어지면 성과가 흔들린다. 성과가 흔들리면 기회가 줄어든다. 악순환이다. 반대로 평판이 안정적이면 일이 흔들려도 '다시 기회를 줘 볼 사람'으로 남는다. 조직은 위기 때 '사람'을 본다.

셋째, '대세'를 읽되 '대세에 인생을 맡기지' 말아야 한다. 대세를 읽는다는 건 누가 의사 결정권자인지, 누가 영향력자인지, 지금 회사의 우선순위가 무엇인지, 조직이 어디로 가려는지를 파악한다는 뜻이다. 그래서 내 일을 그 우선순위의 언어로 설명할 수 있어야 한다. 그러나 특정 라인에 내 커리어를 걸면, 그 라인이 흔들릴 때 나도 함께 흔들린다. 결국 내가 컨트롤할 수 없는 영역에 내 운명을 거는 셈이다.

대세론을 이렇게 정리해 보면 결론은 오히려 단순해진다. 일을 철저히 하는 것이 기본이고, 그 위에 '관계를 통한 운항 능력'이 필요하다는 것이다. 관계는 아부가 아니라 정보의 통로이며, 신뢰는 정치가 아니라 반복되는 소통의 결과다. 그리고 평판은 우연이 아니라 매일의 태도가 쌓여 만들어지는 자산이다.

나는 후배들에게 이렇게 말하고 싶다. "줄을 서라."가 아니라 "지도에서 길을 잃지 마라." 조직의 지도는 숫자만으로 그려지지 않는다. 사람의 흐름, 결정의 흐름, 우선순위의 흐름이 함께 그려진다. 그 흐름을 읽을 수 있어야 항로가 보이고, 항로가 보여야 종착역을 향해 간다. 세상이 내 뜻대로 굴러가지 않듯이, 조직도 내 계획대로만 굴러가지 않는다. 그럴수록 더 필요한 것은 '정치'가 아니라 '운항'이다. 대세론은 그 운항을 위한 현실 감각이다.

- 영향력
- 평판
- 소통

11

무조건 상대의 능력을 인정하라
방심은 좌초의 근본 원인이다

커리어가 깊어질수록 실력의 기준이 바뀐다. 예전에는 내가 얼마나 잘하느냐가 전부였다면, 어느 순간부터는 '상대를 얼마나 정확히 읽고 함께 움직이느냐'가 실력이 된다. 조직은 혼자 끌고 갈 수 없고, 특히 영업·유통·브랜드 운영은 더 그렇다. 바이어의 언어, 매장의 언어, 본사의 언어, 협력사의 언어, 그리고 고객의 언어가 모두 다르기 때문이다. 이 서로 다른 언어들을 하나의 항로로 묶어 내는 힘이 필요하다. 그 힘의 출발점이 '인정'이다.

나는 젊었을 때 '내가 맞다'는 힘으로 밀어붙인 적이 많다. 그 방식은 속도를 만들었다. 결정이 빨랐고, 추진이 강했고, 실적도 나왔다. 그런데 속도가 늘 좋은 건 아니었다. 속도가 날수록 마찰도 커졌다. 실적은 만들었지만, 동시에 적도 만들었다. 누군가의 역량을 '장애물'처럼 여기고 넘어가려 했던 순간들, 상대의 입장을 '핑계'처럼 치부했던 순간들이 시간이 지나서야 보였다. 그때는 몰랐다. 내가 강해졌다고 생각했지만 사실은 조직의 신호를 놓치고 있었다.

상대의 능력을 인정하는 것은 비굴해지는 게 아니다. 굴복도 아니고 아부도 아니다. 인정은 상대의 세계를 이해하는 기술이다. 상대가 어떤 논리로 움직이는지, 무엇을 두려워하는지, 어디에서 자신감을 느끼는지, 무엇을 지키려 하는지. 그 세계를 이해할수록 협상이 쉬워진다. 불필요한 힘이 빠지고, 설득이 간결해지고, 결정이 빨라진다. 무엇보다 인정이 되면 내가 방심하지 않는다. 방심은 좌초를 부른다.

나는 영업을 하면서 그 사실을 몸으로 배웠다. 부친 회사에서 영업을 맡게 되었을 때, 전국 매장을 돌며 바이어들을 만났다. 사무실에서 준비한 계획을 들고 가서 논리적으로 설명하면 통할 줄 알았다. 하지만 현장은 논리로만 움직이지 않았다. 한번은 바이어 미팅 자리에서 브랜드의 방향을 설명하던 중, 냉소에 가까운 반응을 들었다. "사장 아들이 영업한다고 뭐가 달라지겠나." 그 말은 사람을 찌른다. 자존심을 건드리고, 감정을 끌어 올린다.

그런데 그 말 속에는 감정만 있는 게 아니었다. 정보가 있었다. '이 사람은 내 혈연이나 직함에 관심이 없고, 오직 결과와 설득의 구조만 본다'는 정보였다. '내 말이 부족한 게 아니라, 이 사람이 판단하는 기준을 아직 모르고 있다'는 정보였다.

그때부터 나는 바이어를 '설득의 대상'이 아니라 '현장의 전문가'로 보기 시작했다. 그들의 판단 기준과 위험 감각을 이해하려고 했고, 그들이 왜 보수적으로 움직이는지, 왜 특정 조건을 먼저 확인하는지, 왜 어떤 말에 반응하고 어떤 말에 침묵하는지 관찰했다. 그 순간 관계의 문이 조금씩 열렸다.

인정은 말로만 하면 소용이 없다. 행동으로 보여야 한다. 상대의 강점을 정확히 말해 주는 것만으로는 부족하다. 그 강점을 업무 구조에 반영해 줘야 한다. 그리고 결정의 이유를 설명해 줘야 한다. 바이어에게는 '이 조건을 왜 받아들일 수밖에 없는지'가 중요하고, 매장에게는 '이 프로모션이 왜 필요한지'가 중요하며, 본사에게는 '이 판단이 왜 손익에 유리한지'가 중요하다.

인정은 상대를 기분 좋게 만드는 기술이 아니라, 협업이 가능한 상태로 만드는 기술이다. 상대의 능력을 인정할수록, 나는 더 강하게 내 기준을 세울 수 있다. 상대를 낮춰서 내가 올라가려 하면, 대화는 닫히고 정보는 끊긴다. 정보가 끊기면 판단이 늦어진다. 판단이 늦어지면 좌초한다. 인정이 부족한 조직은 겉으로는 빠르게 달리는 것 같아도, 내부에서는 작은 누수가 계속 생긴다.

커리어에서 가장 위험한 사고는 실수보다 오만이다. 실수는 고칠 수 있다. 하지만 오만은 고치지 못하면 반복된다. 실적이 좋을 때 사람은 쉽게 착각한다. 성공의 방식이 전부 '나' 덕분이라고 믿게 된다. 그러면 상대의 역할이 보이지 않는다. 매장의 고생이 보이지 않고, 협력사의 제약이 보이지 않고, 바이어의 리스크 감각이 보이지 않는다.

그 순간부터 좌초는 시작된다. 눈에 띄는 큰 사고가 아니라, 작은 균열이 쌓여서 어느 날 갑자기 침몰한다. 그래서 나는 "무조건 인정하라."라고 말한다. 조건을 따지기 전에 먼저 인정하라는 뜻이다. 인정부터 해야 대화가 열리고, 대화가 열려야 항로를 함께 조정할 수 있다.

다만 여기서 한 가지를 분명히 하고 싶다. 인정은 '다 맞다'고 해 주는 것이 아니다. 상대의 능력을 인정하되, 내 기준을 지켜야 한다. 상대의 강점을 인정하고, 그 강점을 활용해 더 좋은 결과를 만드는 것이다. 인정이 없는 단호함은 독선이 되기 쉽고, 기준 없는 인정은 흐려진다. 커리어가 깊어질수록 필요한 건 '인정하는 단호함'이다. 상대를 존중하되 흐르지 않는 힘, 함께 가되 끌려가지 않는 힘. 이 균형이 잡히면, 관계는 더 단단해지고 성과는 더 길게 이어진다.

이 장의 결론은 간단하다. 상대를 낮춰서 내가 올라가는 순간, 커리어는 내려가기 시작한다. 상대를 인정하고, 그 위에서 내 기준을 세우는 사람이 오래간다. 방심은 좌초를 부르고, 인정은 방심을 막는다. 인정은 결국 나를 지키는 기술이다.

- 존중
- 정보
- 균형

12

세상은 절대로 내 뜻대로 굴러가지 않는다

세상은 내 뜻대로 굴러가지 않는다. 이 사실을 빨리 인정할수록 커리어는 오히려 편해진다. 편해진다는 건 포기한다는 뜻이 아니다. 내가 통제할 수 없는 것을 통제하려고 애쓰지 않겠다는 결심에 가깝다. 회사는 늘 변하고, 사람도 변하고, 시장은 더 빨리 변한다. 변화 앞에서 무너지는 이유는 변화 자체보다 "왜 이렇게 됐지?"라는 질문에 오래 매달리기 때문이다. 설명을 붙잡고 있는 동안 항로는 이미 바뀌어 버린다.

그래서 나는 후배들에게 질문을 바꾸라고 말한다. "왜 이렇게 됐지?"가 아니라 "여기서 나는 무엇을 지킬 것인가."로. 이 질문이 바로 소신을 불러낸다. 소신은 고집과 다르다. 고집은 내가 옳다고 믿는 것을 끝까지 밀어붙이는 것이고, 소신은 내가 지키고 싶은 기준을 끝까지 유지하는 것이다. 고집은 상대를 꺾어야 유지되지만, 소신은 상황이 바뀌어도 내 안에서 유지된다. 결국 소신은 '강한 사람'이 아니라 '오래가는 사람'이 갖는 기준이다.

나도 한때는 일이 내 뜻대로 굴러가야만 안심하는 사람이었다. 계획을 세우고 속도를 내고 실적을 만들면 모든 게 정리될 거라고 믿었다. 그런데 어느 순간부터는 실적이 곧 안전이 아니라는 걸 알게 됐다. 성과가 좋을 때도 분위기는 변할 수 있고, 관계는 식을 수 있고, 조직의 평가는 다른 방향으로 흐를 수 있다. 커리어는 "내가 잘하면 된다."라는 단순한 공식이 아니라, 내가 통제할 수 있는 것과 통제할 수 없는 것이 섞여 돌아가는 복잡한 운항이다.

내가 그 사실을 가장 날카롭게 체감했던 순간은, 내가 의지하던 사람이 사라졌을 때였다. 멘토였고, 상사였고, 내가 흔들릴 때 중심을 잡아 주던 분이었다. 그분이 갑작스럽게 떠난 뒤, 일상은 그대로였는데 마음의 중심만 빠져나간 느낌이 들었다.

업무의 양이 줄어든 것도 아니고 회의가 없어진 것도 아닌데 모든 것이 형식처럼 느껴졌다. 판단은 느려지고 의욕은 가라앉고 "왜 하필 지금?"이라는 질문만 맴돌았다. 그때 깨달았다. 세상이 내 뜻대로 굴러가지 않는다는 사실은 불행이 아니라 전제라는 것을. 전제를 인정하지 않으면 커리어는 매번 감정에 휘둘린다. 분노하고, 억울해하고, 후회하고, 결국 지친다. 커리어는 지치면 끝이다.

그래서 나는 통제의 범위를 다시 나눴다. 통제할 수 있는 것과 통제할 수 없는 것. 통제할 수 있는 것은 내 태도, 내 루틴, 내 말, 내 공부, 내 준비다. 통제할 수 없는 것은 조직의 분위기, 시장의 흐름, 타인의 감정, 이미 지나간 결정이다.

이 구분이 선명해지면 에너지가 낭비되지 않는다. 많은 사람들은 통제 불가능한 것을 통제하려다가 먼저 닳아 버린다. 누군가의 마음을 돌리려 애쓰고, 바뀐 흐름을 되돌리려 애쓰고, 이미 정리된 평가를 뒤집으려 애쓰다가 결국 자기 자신이 먼저 무너진다. 반대로 통제 가능한 것에 집중하면, 상황은 내 뜻대로 굴러가지 않아도 내 운항은 무너지지 않는다.

여기서 소신이 실력이 된다. 소신은 버티는 힘이기도 하지만 더 정확히 말하면 복귀하는 힘이다. 흔들려도 다시 내 기준으로 돌아오는 힘. 기준이 있으면 항로가 바뀌어도 방향을 잃지 않는다. 기준이 없으면 바람에 떠밀려 표류한다. 그래서 소신은 멋있는 말이 아니라 생존의 장비다. 그리고 그 장비를 제대로 작동시키려면 진간장이 필요하다. 진정성은 기준을 지키게 만들고, 간절함은 포기하지 않게 만들며, 장기적 관점은 지금의 파도를 과정으로 보게 만든다. 진간장은 단지 버티는 맛이 아니라 다시 일어나는 맛이다.

이 장의 체크 리스트는 결국 여기로 모인다. 불행이 겹치고, 관계가 흔들리고, 계획이 무너지고, 시장이 뒤집혀도 세상은 내 뜻대로 굴러가지 않는다. 그럼에도 불구하고 나는 내 방향을 정할 수 있어야 한다. 방향이 있으면 속도는 나중에 따라온다. 방향이 없으면 빠르게 달려도 좌초한다. 소신은 그 방향을 결정하는 내부의 나침반이다.

그리고 후배들이 가장 자주 묻는 질문이 여기서 나온다. "퇴사하고 싶을 때는 어떻게 해야 하나요?" 나는 '정답'을 주기보다, 결정을 늦추게 만드는 질문을 먼저 던진다. 떠나고 싶은 날은 대개 '오늘'만 보게 되기 때문이다.

그래서 그 순간 꼭 세 가지를 생각해 보라고 한다.

첫째, 지금의 감정은 '결론'이 아니라 '신호'일 가능성이 크다. 감정이 크게 올라온 날은 판단이 늘 과장된다. 오늘의 피로를 내 인생 전체로 확대해석하기 쉽다.

둘째, 인생은 생각보다 길다. 그래서 커리어는 항속이다. 초등학교-중학교-고등학교-대학교, 군대, 유학…. 우리는 이미 긴 시간을 견디며 여기까지 왔다. 지금의 파도를 '전부'로 착각하지 않는 연습이 필요하다.

셋째, 결정을 내리기 전에 '지금 내가 통제할 수 있는 것'부터 다시 잡아라. 루틴, 말, 준비, 관계. 이 네 가지를 회복시키면 퇴사 여부와 상관없이 다음 항로가 선명해진다.

마지막으로, 내가 후배들에게 남기고 싶은 '완성형 월급쟁이'의 통과 의례를 계명처럼 적어 본다. 겪지 말라는 뜻이 아니다. 겪을 일이 오면, 의미를 뽑아내라는 뜻이다.

─────── **완성형 월급쟁이를 위한 10계명**

1. 서류에서 떨어져도, 자존심이 아니라 데이터를 붙들어라.

예: "한 줄 성과가 없으면, 이력서는 소개서가 아니라 일기장으로 보인다."

2. 면접에서 미끄러져도, 실력 탓만 하지 말고 말의 구조를 바꿔라.

예: "경험 나열이 아니라 '문제–행동–결과'로 답하라."

3. 승진에서 밀려도, 비교 대신 기반을 더 두껍게 만들어라.

예: "승진은 타이밍이지만, 실력은 복리로 쌓인다."

4. 원치 않는 이동이 와도, 좌천이라 부르기 전에 지도를 펼쳐라.

예: "현장으로 가면 숫자보다 '사람과 흐름'이 먼저 보인다."

5. 직책이 오면, 편한 일을 버리고 '내 이름이 찍히는 일'을 잡아라.

예: "실적은 책임 위에서만 생긴다."

6. 모함·배신을 겪어도, 품격을 팔아 복수하지 말아라.

예: "품격이 무너지면, 성과도 같이 무너진다."

7. 프로젝트가 깨져도, 변명보다 복기를 남겨라.

예: "실패는 숨기면 상처가 되고, 기록하면 자산이 된다."

8. 스카우트의 기쁨이 와도, 연봉보다 '내가 운영할 판'을 먼저 보라.

예: "조건은 숫자지만, 커리어는 방향이다."

9. 해고(해임)의 공포가 와도, 끝이라 믿지 말고 다음 항로를 준비하라.

예: "커리어는 단거리 경주가 아니라 항속이다."

10. 이 모든 9가지 통과 의례를 지나왔다면 조언할 자격이 생긴 것이다.

예: "세상은 내 뜻대로 안 굴러가더라. 다만, 나는 무너지지 않게 운항하는 법을 배웠다."

이제 Part Ⅲ로 넘어가면, 이 소신을 더 구체적인 '내비게이션 설정'으로 바꿔 볼 차례다. 흔들리는 순간마다 돌아올 좌표를 만들고, 스스로 운항을 재설정하는 법을 정리해 보려 한다. 세상은 내 뜻대로 굴러가지 않는다. 그래서 더더욱, 내 뜻을 지키는 기준이 필요하다. 그게 소신이다.

─────── **핵심 키워드**

- 기준
- 복귀
- 운영

PART III

네비게이션 설정

Navigator

13

아버지와 평생 멘토가 주신 방향

경제학에는 두 개의 시선이 있다. 미시경제학은 가계나 기업의 살림살이를 들여다보고, 거시경제학은 더 큰 흐름 속에서 국가와 세계의 방향을 읽는다. 나는 커리어도 비슷하다고 생각한다. Part Ⅰ과 Part Ⅱ에서 나는 커리어를 미시적으로 다뤘다. 어떤 선택을 했고, 어떤 실패를 겪었고, 어떤 방식으로 버텼는지. 이제 Part Ⅲ부터는 시선을 조금 뒤로 물리고 싶다. 내 삶과 일을 '거시적으로' 바라보는 연습이다. 어디에서 왔고, 어디로 가야 하는지. 그리고 그 방향을 잡아 준 두 사람이 있다.

한 분은 돌아가신 아버지다. 다른 한 분은 직장에서 상사로 모셨던, 내게는 평생 멘토 같은 분이다. 두 분 모두 지금은 내 곁에 없다. 그런데 이상하게도 시간이 갈수록 그분들의 말이 더 또렷하게 들릴 때가 있다. 내가 흔들릴수록 더 그렇다. 방향을 잃는 순간마다, 결국 내가 돌아오는 좌표는 그분들이 남긴 몇 개의 문장과 몇 개의 장면이다.

아버지는 법학을 전공하셨고 고시에 합격해 오랫동안 공직에 계셨다. 내가 너무 어렸던 시절이라 공직 생활의 모습은 선명하게 남아 있지 않다. 다만 아버지가 '일'이라는 단어를 어떤 무게로 대하셨는지는 나중에 더 뚜렷하게 알게 됐다.

공직에서 긴 시간을 마치고 퇴임하신 뒤에도 아버지는 멈추지 않으셨다. 1980년 이후 속옷 업계의 큰 축이던 기업에서 경영진으로 일하셨고, 은퇴 이후에는 국내 중소기업을 인수해 패션 사업을 시작하셨다. 아버지가 걸어간 길이 결과적으로 나를 이 길로 끌어당겼는지도 모른다. 형님과 형수님이 디자이너 출신이었던 것도 분명 영향을 줬다. 하지만 무엇보다 내게 남은 건, 아버지가 살아온 방식 자체였다.

아버지는 70세가 되실 때까지 일을 하셨다. 사람들은 나에게 왜 그렇게 일을 놓지 못하냐고 묻기도 한다. 나는 그 질문을 들을 때마다, 아버지의 일상을 떠올린다. 아버지는 일요일 하루 정도만 쉬셨다.

그런데 그 하루는 우리가 흔히 말하는 '휴식'과는 결이 달랐다. 일요일에도 아버지는 새벽부터 준비해 지방으로 내려가 집안 대소사를 챙기셨고, 특히 문중 일에 앞장서셨다. 조상을 섬기는 일에 매우 적극적이셨고, 그 일은 단지 형식이 아니라 태도였다. 그래서 집안 어른들도 아버지를 유난히 좋아했고 신뢰했다. 그 신뢰는 말로 얻은 게 아니라 반복된 행동에서 만들어진 것이었다.

그 장면을 보며 나는 한 가지를 배웠다. 아버지에게 '일'은 회사 일이 전부가 아니었다. 맡은 역할을 놓치지 않는 태도, 책임을 피하지 않는 습관까지 포함한 말이었다.

그래서 아버지가 마지막으로 내게 남긴 첫 번째 좌표는 "더 일해라."가 아니라 "일할 수 있을 때 최선을 다해라, 그리고 책임을 놓지 마라."에 가까웠던 것 같다. 막상 은퇴하고 나면 별로 할 게 없다는 말도, 어쩌면 '일' 그 자체를 사랑한 사람의 고백이었는지도 모른다. 지금 내가 일을 대하는 마음에도 그 흔적이 남아 있다. 돈 때문만은 아니다. 무언가를 만들어 내고, 책임을 다하고, 내 역할을 지키는 과정 자체가 내게는 의미가 됐다.

아버지가 남긴 두 번째 좌표는 가족이었다. 이건 직접적인 가르침이라기보다, 우리 집의 환경과 시간 속에서 자연스럽게 새겨진 믿음에 가깝다. 아버지는 두 번의 결혼 과정을 거치며 순탄치 않은 시간도 겪으셨다. 그 과정을 어린 시절부터 옆에서 보며 성장한 나는, "세상에 가족보다 더 소중한 것은 없다."라는 결론을 내리게 됐다.

일을 통해 성공하는 삶도 중요하지만, 나는 결국 따뜻한 가정을 꾸리고 오손도손 살아가는 것이 더 중요하다고 믿게 됐다. 이 믿음은 시간이 지날수록 흔들리기는커녕 더 단단해졌다. 아버지가 남긴 유산은 돈이 아니라, 내가 무엇을 끝까지 지켜야 하는지에 대한 기준이었다.

마지막으로 아버지가 남긴 세 번째 좌표는 건강이었다. 건강한 몸과 건전한 정신이 없으면 앞의 두 가지, 일과 가족도 결국 지켜지지 않는다는 메시지였다. 우리 집은 아주 넉넉한 집안은 아니었지만, 그렇다고 아무것도 없는 집도 아니었다. 아버지는 우리 형제를 부족함 없이 키워 주셨고, 유학도 보내 주셨다.

그런데 아버지 본인의 노후는 늘 편안하지만은 않았던 것 같다. 가족 문제도 있었고, 사업과 재산 문제도 있었지만 결국 아버지는 77세에 건강 문제로 세상을 떠나셨다. 나는 그 일을 겪으며 뒤늦게 실감했다. 인생에서 많은 문제는 결국 체력과 정신의 바닥에서부터 무너진다는 것을.

예전에 한 상사에게 들은 말이 있다. "사장이나 대표를 하려면 제일 필요한 건 강철 체력이다." 수십 년을 버티고 위로 올라가면 실력만으로는 승부가 나지 않고, 결국 체력이 남는다고 했다. 그 말을 이제는 이해한다. 체력은 건강의 문제가 아니라 판단력의 문제이고, 감정 조절의 문제이며, '삶을 운영하는 능력'의 바닥이다.

아버지는 세 가지를 모두 완벽히 누리지 못하셨을지도 모른다. 그러나 내게는 분명한 방향을 남기셨다. 일할 수 있을 때 최선을 다하되, 가족을 잃지 말 것. 그리고 건강을 잃지 말 것.

이렇게 내 삶의 내비게이션에 큰 방향을 알려 준 분이 아버지라면, 내 커리어의 방식과 인생관을 바꿔 준 분은 멘토였다. LF에서 상사로 모셨던 오 전무님이다. 백화점 바이어 출신이셨고, 한마디로 '일중독'에 가까울 정도로 철두철미한 분이셨다. 회사 안에서 신망이 두터웠다는 말로는 설명이 부족하다.

그분은 단순히 일을 많이 하는 사람이 아니라, 일을 '무너뜨리지 않는 방식'으로 하는 사람이었다. 대충 넘어가는 법이 없었고, 감정으로 판단하지 않았으며, 결정을 내리기 전에 반드시 근거를 정리했다. 특히 사람을 다룰 때 더 조심스러웠다.

나는 그 철저함을 회의실에서 가장 자주 봤다. 한 달에 한 번 열리던 전체 월간 회의에서 회장님이 오 전무님의 보고를 받는 장면이 기억난다. 그 자리에서 회장님이 비슷한 말을 여러 번 하신 적이 있다. "학벌이 중요한 게 아니다. 나는 지금까지 오 전무처럼 일을 잘하는 임원을 본 적이 없다." 조직에서 그런 말은 쉽게 나오지 않는다. 더 중요한 건 그 말이 '칭찬'으로만 끝나지 않았다는 점이다. 그 말은 사실상 신뢰의 선언이었다.

보고가 흔들리지 않았고, 숫자와 논리가 단정했으며, 무엇보다 자신이 공을 가져가려 하지 않았다. 잘된 건 팀의 힘으로 돌리고, 부족한 건 먼저 책임을 짊었다. 겸손이라는 단어가 도덕처럼 들릴 때가 있지만, 나는 그때 깨달았다. 겸손은 인격의 수식어가 아니라 리더십의 기술이라는 것을. 겸손한 리더는 조직을 안정시키고, 안정된 조직은 결국 성과로 이어진다.

업계에서도 그 신뢰는 그대로였다. 오 전무님을 만나고 싶어 하는 사람들이 많았지만, 워낙 바쁘고 연결이 쉽지 않다 보니 외부에서 오히려 나에게 연락을 해 약속을 잡아 달라는 경우가 종종 있었다. "전무님과 꼭 한번 미팅을 하고 싶은데 연락이 안 된다. 네가 일정 좀 잡아 줄 수 있냐." 그때 나는 또 하나를 배웠다. '바쁘다'는 건 일정이 많다는 뜻이 아니라, 그 사람이 가진 기준과 결과가 시장에서 이미 검증됐다는 의미라는 것을. 사람들은 결국, 믿을 수 있는 사람에게 시간을 쓰고 싶어 한다.

오 전무님에게서 내가 배운 것들은 Part Ⅱ에서 이야기한 많은 요소들과 맞닿아 있다. 그중에서도 세 가지가 특히 강하게 남았다.

첫째는 겸손이다. "아는 체하지 말고 침착하게 행동하라. 특히 부하직원들에게 함부로 하지 말라." 너무 평범해 보이는 말인데, 나는 이 말이 가장 어렵다는 걸 안다. 커리어가 올라갈수록, 실적이 좋아질수록 사람은 교만해지기 쉽기 때문이다. 그리고 교만은 반드시 누수로 돌아온다. 조직은 숫자만으로 움직이지 않는다. 사람의 감정과 체면이 섞여 움직인다. 그걸 망각하는 순간, 실적이 아무리 좋아도 균열이 생긴다.

둘째는 인간관계의 소중함이다. "상사, 동료, 직원, 협력사 관계에 있어 항상 조심하고 깨어 있어야 한다." 관계는 한 번으로 끝나는 일이 아니다. 아무리 잘해도 한 번의 실수로 어긋날 수 있다. 그래서 경거망동하지 말라고 하셨다. 솔직히 말하면, 나는 아직도 이 부분이 부족하다. 이 때문에 불이익을 겪은 경험도 있다. 그래서 더 크게 남는다. 멘토의 말은 '그럴듯한 조언'으로 남는 게 아니라, 내 실수의 기억과 함께 박혀서 평생의 경고등이 된다.

셋째는 일에 대해서만큼은 절대 실수가 없어야 한다는 태도다. 나는 나름 치밀하고 전략적인 스타일이라고 생각해 왔다. 그런데 오 전무님 앞에서는 명함을 내밀기도 민망할 때가 있었다. 그분은 '열심히'가 아니라 '정확하게' 일했다. 그리고 그 정확함이 쌓여 신뢰가 됐고, 신뢰가 쌓여 영향력이 됐다. 나는 그 과정을 옆에서 보며 배웠다. 커리어는 결국 운이 아니라 운영이고, 운영의 핵심은 기준과 반복이라는 것을.

이렇게 보면 아버지와 멘토가 내게 남긴 가르침은 서로 다른 결처럼 보이지만, 결국 같은 방향을 가리킨다. 아버지는 삶의 기준을 남겼고, 멘토는 커리어의 기준을 남겼다. 둘을 합치면 내 내비게이션은 여섯 개의 좌표로 정리된다. 일할 수 있을 때 최선을 다할 것. 가족을 잃지 말 것. 건강을 지킬 것. 겸손할 것. 관계를 소중히 할 것. 일에서 실수를 줄일 것.

나는 이 좌표들이 정답이라고 말하고 싶지는 않다. 다만 한 가지는 확실히 말할 수 있다. 커리어가 흔들릴수록 사람은 새로운 정보를 찾는다. 그러나 정말 필요한 건 정보가 아니라 기준이다. 기준이 없으면 정보가 많아도 흔들리고, 기준이 있으면 정보가 부족해도 방향을 잃지 않는다.

Part III에서 내가 하고 싶은 이야기는 결국 이것이다. 내비게이션은 외부에서 주어지지 않는다. 누군가가 남긴 좌표를 참고하되, 결국 내 항로에 맞게 다시 설정해야 한다. 나는 아버지와 멘토에게서 그 기초 좌표를 받았다. 이제 남은 건, 그 좌표를 내 삶과 내 커리어의 '운항'에 적용하는 일이다.

그리고 그 운항을 위해 가장 먼저 점검해야 할 것은 거창한 계획이 아니다. 오늘 내 체력은 어떤지, 오늘 내 말은 어떤지, 오늘 내 관계는 어떤지, 오늘 내 기준은 흔들리지 않았는지. 거시적 내비게이션은 결국 미시적 습관에서 유지된다. 방향은 큰 결심이 아니라, 작은 반복으로 지켜진다.

─────── **핵심 키워드**

- 책임
- 기준
- 체력

14

워커힐의 깨달음

나이대에 따라 다르게 설계하는 삶의 자세

직장인과 사업가의 차이를 묻는 질문을 받으면 나는 늘 '주말을 대하는 태도'를 먼저 떠올린다. 직장인에게 주말과 명절 연휴는 숨을 고르는 시간이고, 마음속 달력에 미리 표시해 두는 '기대의 구간'이다. 반면 사업을 하는 사람들은 종종 "사무실에 나와 있어야 마음이 편하다."라고 말한다. 책임의 무게가 달라서일 것이다.

나는 오래도록 직장인의 리듬에 익숙했다. 주중에는 일을 끝까지 몰아붙이고, 주말에는 확실하게 리프레시하는 방식. 그 패턴이 내게는 생산성과 생존의 기술이었다.

그래서 연휴나 긴 명절이 다가오면, 나는 최소 6개월 전에 가족과 여행 계획을 잡아 두곤 했다. 이유는 단순했다. 스트레스가 올라오고 일이 꼬일 때, 머릿속에 '곧 숨 쉴 날이 있다'는 그림이 있어야 버틸 수 있었다. 일정이 미래에 하나 박혀 있으면, 현재의 긴장이 조금은 정리된다. 이건 단순한 놀 계획이 아니라 마음의 비상구였다.

그런데 어느 순간부터 깨달았다. 휴식을 떠난다고 해서 일이 완전히 잊히는 것도 아니고, 미래에 대한 생각이 멈추는 것도 아니라는 사실을. 오히려 조용해지면 더 선명해지는 생각들이 있다. 그래서 나는 휴식의 장소를 고를 때 '사람 많은 곳'보다 '조용한 곳'을 선호하게 됐다. 그때 내가 자주 선택한 방식이 호캉스였다. 지금은 흔하지만, 10년 전만 해도 명절 연휴에 수도권 호텔에서 조용히 시간을 보내는 건 꽤 괜찮은 선택이었다. 밖은 붐비는데, 나는 어딘가에 멈춰 앉아 내가 어디로 가고 있는지 점검할 수 있었으니까.

워커힐 뷰

워커힐은 그런 점검의 장소 중 하나였다. 정확히 말하면, 워커힐 자체가 인생을 바꿨다기보다 그곳에서 보낸 '조용한 시간'이 내 사고방식을 조금씩 바꿨다. 나는 그때그때 떠오르는 생각을 비망록처럼 메모해 두곤 했는데, 시간이 지나 다시 보면 이상하게도 두 가지 감정이 동시에 든다. '그 시절에 벌써 이런 걸 생각했구나.'라는 놀라움과, '그때 왜 저렇게 예민했을까.' 하는 낯섦. 결국 사람은, 그때의 내가 아니라 지금의 나로 과거를 읽는다. 그래서 기록은 단지 추억이 아니라 '성장 확인서'가 된다.

Part III에서 내가 말하고 싶은 핵심은 하나다. 커리어가 깊어질수록, 삶을 설계하는 마인드셋도 같이 바뀌어야 한다. 20대와 30대의 전략을 40대에도 그대로 쓰면 무리가 생긴다. 40대의 방식으로 50대를 버티면 관계가 무너진다. 50대의 속도로 60대를 맞으면 후회가 남는다. 나이대가 바뀌면 속도, 욕심, 관계, 체력의 계산법도 바뀐다. 그 전환을 스스로 해내는 사람이 흔들리지 않는다.

돌이켜 보면 30대는 '일을 배우고 버티는 시기'였다. 취직하고, 결혼도 하고, 아이도 생기고, 정신없이 지나간다. 그때는 삶을 설계한다기보다 삶이 나를 끌고 간다. 그래서 30대는 전략보다 체력이 먼저다.

나는 40대가 되면서부터 삶의 무게가 달라지는 것을 느꼈다. 업무 영역이 넓어지고, 책임이 커지고, 아이가 커 가면서 집안의 공기도 바뀐다. 그때부터는 '열심히'만으로는 부족하다. '어떻게'가 필요해진다.

내가 40대에 들어서 가장 먼저 정리하려고 했던 세 가지는 일(Job), 가족(Family), 친구(Friends)였다. 이 세 가지를 붙잡아야 50대 이후에 무너지지 않는다는 걸 직감적으로 알았다. 그래서 나는 먼저 담배를 끊었고, 운동을 본격적으로 시작했다. 겉으로는 건강 관리처럼 보이지만, 내 안에서는 '인생 운영 방식의 전환'이었다. 몸이 무너지면 일이 무너지고, 일의 불안이 집으로 번지면 가족도 무너진다. 결국 삶은 연결되어 있다.

40대에 가장 중요한 건, 내가 하는 일에 대한 확신을 만드는 것이다. 확신이라고 해서 "나는 천재다." 같은 확신이 아니다. "이 방향으로 10년을 더 갈 수 있다."라는 실무적 확신이다. 30대를 거치면 보통 중견 간부가 되거나, 독립을 고민한다. 이 시기에는 앞으로의 항로를 정해야 한다. 지금 일을 더 확장할지, 전환할지, 아니면 돌파구를 찾아야 할지. 40대에도 이 부분이 흔들리면 50대에는 훨씬 더 비싼 대가를 치른다. 그때부터는 시간보다 체력이 먼저 떨어지고, 시장은 더 냉정해지기 때문이다.

두 번째는 가족이다. 가족을 결혼으로만 한정할 필요는 없다. 부모, 형제, 배우자, 아이, 혹은 나를 기다려 주는 누군가 등 형태는 다르지만 핵심은 같다. 일이 끝나고 돌아갈 곳이 있어야 한다. 텅 빈 집에 들어가 혼자 조용히 시간을 보내는 것도 필요하지만, 내가 돌아본 삶은 결국 '기댈 수 있는 관계'가 있어야 더 오래간다. 가족은 나를 편하게 만드는 존재이기도 하지만, 동시에 나를 다시 일으키는 존재다. 특히 50대, 60대의 삶을 생각하면 가족의 존재는 선택이 아니라 기반에 가깝다.

마지막은 친구다. 40대쯤 되면 새로운 친구를 만드는 게 쉽지 않다. 결국 남는 건 오래된 친구거나, 거의 없거나 둘 중 하나다. 그리고 나이가 들수록 '친구의 숫자'는 중요하지 않다. 나는 식당 한 테이블에 앉을 수 있고, 골프 라운딩도 함께할 수 있는 3명에서 4명 정도면 충분하다고 생각한다.

중요한 건 그 친구들이 '내가 고등학교 시절 가졌던 감성'을 지금도 이해해 줄 수 있느냐는 것이다. 나이가 들면 이야기할 상대가 필요하다. 내 마음의 언어를 알아듣고, 꾸미지 않아도 되는 사람이 곁에 있다는 건 큰 자산이다. 고대 철학자가 말했듯, 사람을 행복하게 하는 위대한 것 중 하나는 결국 친구다. 나는 그 말을 나이가 들수록 실감하고 있다.

이제 50대의 이야기로 넘어가 보자. 나는 지금 이 구간에 있다. 50대에 가장 먼저 해야 할 일은, 아이러니하게도 '물러날 준비'다. 물러난다는 건 포기한다는 뜻이 아니다. 내려놓을 줄 알아야 더 오래간다는 뜻이다. 50대는 경험이 많아지는 만큼, 나도 모르게 '내 방식'을 고집하게 된다. 그런데 그 고집이 조직에서는 부담이 된다. 그래서 50대에는 현명함이 필요하다. 내 앞만 보지 말고 주변을 봐야 한다. 사람의 흐름, 조직의 온도, 세대의 언어가 바뀌고 있다는 신호를 읽어야 한다.

50대의 인간관계는 더 정교해야 한다. 30대의 관계가 '열정'으로 뚫린다면, 50대의 관계는 '신뢰'로 관리된다. 말이 길어지면 위험하고, 감정이 앞서면 손해가 된다. 그래서 나는 50대에 필요한 마음을 세 가지로 정리해 본다.

소신(Faith), 사랑(Love), 소통(Chat). 소신은 흔들릴 때 돌아오는 기준이고, 사랑은 사람을 함부로 대하지 않게 만드는 안전장치이며, 소통은 관계가 끊어져서 고립되는 것을 막아 주는 기술이다.

업무 스타일도 바뀌어야 한다. 50대에는 "지금까지 살아온 방식을 바꿔야 한다."라는 말을 받아들일 줄 알아야 한다. 더 많이, 더 세게 밀어붙이는 방식으로는 오래 못 간다. 오히려 더 내려놓고, 모른다고 생각하고, 내 능력치를 냉정하게 인식하는 태도가 필요하다.

그리고 무엇보다 미루지 말아야 한다. 50대부터는 '시간의 회복력'이 줄어든다. 그래서 준비가 실행보다 앞서면 안 된다. 준비는 하되, 실행에 집중해야 한다. 지적보다 피드백이 낫고, 판단보다 관찰이 먼저다. 길게 설득하기보다 짧게 결정하는 능력이 중요해진다. 그게 50대의 숙련이다.

60대는 조금 다르다. 나는 60대의 키워드를 '여유'로 잡고 싶다. 모든 걸 즐길 줄 알아야 한다. 그렇다고 놀기만 하라는 뜻이 아니다. 방황도 하고, 공부도 하고, 일도 하면서 나에게 맞는 리듬을 찾아야 한다. 친구도 중요하고 가족도 중요하다. 무엇보다 60대에는 마음의 표정이 인생의 품격이 된다. 여유와 미소를 잃지 않는 것. 그게 내게는 60대의 내비게이션이다.

워커힐에서 내가 얻은 결론은 간단했다. 삶과 커리어는 어느 순간부터 '성과의 경쟁'이 아니라 '리듬의 설계'가 된다. 어떤 나이에는 속도가 필요하고, 어떤 나이에는 방향이 필요하다. 어떤 시기에는 확장이 중요하고, 어떤 시기에는 정리가 중요하다.

문제는 많은 사람이 여전히 30대의 방식으로 50대를 버티려 한다는 데 있다. 그때부터 실력이 아니라 소모가 앞선다. 그래서 나는 조용한 시간마다 한 가지를 점검했다. "지금 내 나이에 맞는 운항 방식으로 가고 있는가."

그리고 그 질문 끝에서 늘 같은 결론에 닿았다. 리듬만으로는 부족하다. 리듬이 무너지지 않으려면 지도가 있어야 한다. 방향을 잡아 주는 좌표가 있어야 한다. 결국 우리는 '열심히'가 아니라 '어디로'의 문제 앞에 다시 서게 된다.

그래서 다음 장에서는, 내가 후배들에게 가장 현실적으로 권하는 한 가지, 커리어 로드맵을 스스로 그리는 방법으로 들어가려 한다. 내비게이션은 감으로 켜지지 않는다. 좌표를 찍고, 경유지를 정하고, 위험 구간을 표시할 때 비로소 작동한다.

─────── **핵심 키워드**

- 전환
- 좌표
- 설계

15

커리어 로드맵

커리어를 오래 이어 가다 보면 한 가지 결론에 닿는다. 사람을 흔드는 건 능력의 부족이 아니라 방향의 부재다. 실력이 있어도 환경이 바뀌면 실력은 쉽게 흔들린다. 조직이 바뀌고, 시장이 바뀌고, 내 몸이 바뀌면 어제의 강점이 오늘의 부담이 되기도 한다.

그래서 커리어는 '열심히'로만 버티지 못한다. 열심히는 엔진이고, 로드맵은 지도다. 엔진이 좋아도 지도가 없으면 같은 자리에서 맴돌거나 엉뚱한 곳으로 간다.

나는 Part Ⅰ과 Part Ⅱ에서 개인의 항해를 미시적으로 들여다봤다. 어느 순간에 무너졌고, 어떤 순간에 버텼는지, 어떤 태도가 결국 나를 살렸는지. 이제 이번 장에서는 한발 물러서서 거시적으로 보려 한다.

커리어를 길게 놓고 보면 인생은 생각보다 단순한 리듬을 가진다. 어떤 나이에는 '어디로 가는가'가 문제고, 어떤 나이에는 '무엇을 쌓는가'가 문제이며, 어떤 나이에는 '어떻게 버티는가'가 문제다. 그래서 연령대별로 설계가 달라져야 한다. 같은 지도는 같은 바다에서만 쓸 수 있다. 바다가 바꿔면 지도도 바뀌어야 한다.

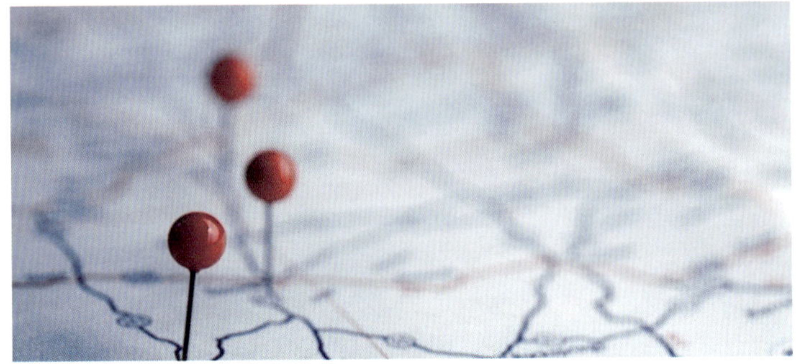

10대의 커리어는 사실 커리어가 아니라 '좌표를 잃은 시기'에 가깝다. 어디로 가야 할지 모르는 방황, 내가 무엇을 좋아하는지조차 모르는 불안이 먼저 온다. 너무 아는 것이 없어서 흔들리는데 그래서 더 자주 '빨리 결론을 내고 싶다.'라는 마음이 든다.

하지만 10대의 답은 의외로 단순하다. 결론을 빨리 내는 게 아니라 묵묵히 견디며 '기초 체력'을 만드는 것이다. 이때의 체력은 공부만이 아니다. 작은 약속을 지키는 습관, 하루를 운영하는 리듬, 무언가를 끝까지 해 보는 경험이다. 앞으로 커리어가 어떤 모양이 되든 이 시기의 기초 체력은 배신하지 않는다.

20대는 'Study'의 시기다. 여기서 말하는 공부는 시험공부만이 아니다. 입력이 많을수록 유리한 시기다. 사람을 만나고, 업을 보고, 현장을 보고, 언어를 배우고, 스스로를 시험하는 시기다. 20대에는 자존심이 먼저 올라오고 실력은 늦게 따라온다. 그래서 많은 사람이 조급해진다. 그런데 이 시기에는 조급함이 오히려 손해다.

나는 20대에 '한 번만 제대로 붙잡자.'라는 마음으로 다시 책상 앞에 앉았던 시간을 잊지 못한다. 군대를 다녀오고 복학했을 때였다. 그때 내가 가진 것은 확신이 아니라 절박함이었다. 확신이 없으니 더 루틴에 매달렸다. 하루를 정하고, 할 일을 정하고, 그걸 반복했다. 재미있어서가 아니라 무너지기 싫어서였다.

지금 돌아보면 그 시기에 내가 얻은 건 결과보다도 '내가 나를 운영할 수 있다.'라는 감각이었다. 이 감각이 있어야 30대의 일과 40대의 선택을 버틴다.

30대는 'Work'의 시기다. 커리어가 현실이 되고 인생이 동시에 무거워진다. 결혼, 승진, 육아, 돈, 책임이 겹치면서 삶이 급격히 압축된다. 이 시기의 핵심은 큰 성취가 아니라 40대의 토대가 되는 '신뢰의 축적'이다.

일을 잘하는 사람은 많다. 하지만 30대에는 '일을 맡겨도 되는 사람'으로 바뀌어야 한다. 보고의 방식, 약속의 무게, 이해관계자와의 조율, 그리고 무엇보다 결과가 나올 때까지 버티는 힘이 이때 만들어진다. 성과는 운이 섞이지만 신뢰는 반복으로 만들어진다. 30대에 신뢰가 쌓이면 40대의 선택지가 달라진다. 반대로 30대에 성과만 좇고 관계와 평판을 방치하면 40대에 지도는 갑자기 좁아진다.

40대는 'Think'의 시기다. 여기서부터 커리어는 단순노동이 아니라 설계가 된다. 임원으로 올라갈지, 창업을 할지, 아니면 다른 형태로 전환할지. 미래를 고민해야 하는 시기다. 그런데 많은 사람은 40대에 생각을 '걱정'으로 대체한다. 불안해하고, 주변을 보고, 비교하고, 결론을 미루며 시간을 쓴다. 이때 필요한 것은 생각의 기술이다.

내가 후배들에게 말하는 'Think'는 멋있는 통찰이 아니라 의사 결정의 프레임이다. 어떤 선택을 할 때 무엇을 기준으로 고를지, 어떤 위험은 감수하고 어떤 위험은 피할지, 내 인생의 우선순위가 어디에 있는지. 이 프레임이 없으면 40대는 생각이 아니라 소모가 된다.

그리고 40대에 반드시 붙는 또 하나의 과제가 있다. 건강이다. 이 시기부터 커리어의 승부는 실력보다 체력에서 갈린다. "아직 괜찮다."라는 말로 버티기엔 몸이 솔직해진다. 체력이 떨어지면 판단이 둔해지고, 판단이 둔해지면 관계가 무너지고, 관계가 무너지면 성과가 흔들린다. 커리어에서 건강 관리는 미용이 아니라 리스크 관리다. 생각이 깊어져야 하는 시기에 몸이 무너지면 지도는 있어도 운항이 불가능해진다.

50대와 60대는 14장의 결론을 그대로 가져오면 된다. 나는 50대를 ‘물러날 준비를 시작하는 시기’라고 정리했다. 물러난다는 말은 은퇴를 뜻하지 않는다. 욕심의 방식이 바뀌어야 한다는 뜻이다. 30대의 욕심은 ‘더, 더, 더’로 성과를 만든다. 50대의 욕심은 ‘덜어 내고 남기는 것’으로 성과를 만든다. 이때 중요한 건 현명함이고 주변을 보는 눈이며 인간관계의 질이다.

50대에 필요한 세 가지 마음이 소신, 사랑, 소통이라고 적어 둔 이유도 그 때문이다. 결국 사람은 ‘혼자 잘하는 것’에서 ‘함께 남기는 것’으로 이동해야 한다. 50대의 리더십은 지적이 아니라 피드백이어야 하고, 긴말이 아니라 짧은 결정이어야 하며, 버티는 힘이 아니라 지속시키는 힘이어야 한다.

60대는 더 명확하다. Enjoy가 핵심이다. 다만 즐긴다는 말이 “아무것도 하지 않는다.”라는 뜻은 아니다. 60대에는 방황도 필요하고, 공부도 필요하고, 일도 필요하다. 다만 그 순서가 바뀐다. 성과를 위해 사는 게 아니라 삶을 위해 성과를 쓰는 시기가 된다. 그래서 60대에 필요한 것은 여유이고, 미소이고, 그리고 결국 관계다. 가족과 친구가 더 중요해지는 이유는 단순히 외로움 때문이 아니다. 나이가 들수록 인생은 ‘성과의 총합’이 아니라 ‘관계의 총합’으로 남기 때문이다.

이렇게 연령대별로 커리어를 보면 로드맵이 단순한 이유가 드러난다. 로드맵은 미래를 맞히기 위한 문서가 아니다. 지금의 나를 정확히 놓기 위한 지도다. “나는 지금 어느 구간에 있는가.” “이 구간에서 반드시 해야 할 일이 무엇인가.” “지금은 속도 구간인가, 방향 구간인가.” 이 질문이 정리되면 조급함이 줄어든다. 조급함이 줄어들면 실수가 줄어든다. 실수가 줄어들면 관계가 안정된다. 관계가 안정되면 성과가 뒤따른다. 커리어는 결국 이 단순한 순환으로 움직인다.

나는 후배들에게 한 가지를 더 말하고 싶다. 로드맵을 그릴 때 멋있는 목적지를 먼저 적지 말고 '현재의 문장'부터 써 보라고. "나는 지금 무엇을 배우는 구간에 있고, 무엇을 쌓는 구간에 있고, 무엇을 내려놓는 구간에 있는가." 이 문장이 정리되면 선택이 쉬워진다. 선택이 쉬워지면 흔들림이 줄어든다. 흔들림이 줄어들면 비로소 내비게이션이 작동한다.

그리고 이 장의 마지막은 결국 13장과 연결된다. 방향은 혼자 세우지만, 방향을 정리하는 언어는 종종 누군가의 가르침에서 온다. 아버지가 남긴 삶의 기준, 멘토가 남긴 일의 기준. 그 기준이 내 로드맵의 축이 된다. 다음 장에서는 이 지도 위에 실제로 좌표를 찍는 방법, 내 커리어의 경유지와 위험 구간을 표시하는 법으로 넘어가려 한다. 내비게이션은 켜는 것이 아니라 세팅하는 것이기 때문이다.

그런데 로드맵을 이야기하면서, 나는 내 이야기를 숨길 수가 없다. 지금 나는 메트로시티에서의 시간을 마지막으로 직장 생활 30년의 장이 닫힐지, 아니면 59세에 또 한 번 커리어를 이어 가는 장이 열릴지 아직 알지 못한다. 다만 한 가지는 분명하다. 60세 이후의 삶을 '즐기기 위해서'라도, 나는 당분간 일을 놓을 생각이 없다. 일은 생계만이 아니라 나를 움직이게 하는 구조이고, 내가 세상과 연결되어 있다는 감각이기 때문이다.

지금 쓰고 있는 이 책이 그 연결에 도움이 될지, 또 어떤 방식으로 도움이 될지는 솔직히 말해 단정할 수 없다. 인생은 원래 계획대로만 흘러가지 않는다. 다만 현시점에서 내가 할 수 있는 최선을 다하고 있음은 분명하다.

나는 여전히 잡 서치를 하고 있고, 회사마다 서류를 내고 있으며, 헤드헌터들과 안부를 주고받으면서 시장의 움직임에서 멀어지지 않으려 한다. 여전히 서류에서 탈락하고 나면 스스로를 돌아보게 된다. 그리고 나이가 들수록 '기회'보다 먼저 닫히는 건 종종 내 마음임을 깨닫고, 나는 그 문을 스스로 닫지 않으려고 다시 애쓴다.

이 과정에서 스스로 반복해서 확인하는 문장이 있다. "지금까지 해 왔던 방식만으로는 더 이상 안 될 수도 있다." 그리고 "무엇이든 영원할 수는 없다." 이 두 문장을 인정하는 순간, 오히려 길이 보이기 시작한다. 때를 기다리는 것도 중요하지만, 때가 지나갔다면 스스로 다른 종착역을 찾아야 하는 시기도 분명히 온다. 지금의 나는, 어쩌면 그 경계선 위에 서 있다. 그래서 더더욱 로드맵을 다시 펼친다. 더 빨리 달리기 위해서가 아니라, 어느 방향으로 갈지 길을 잃지 않기 위해서다.

─────── **핵심 키워드**

- 지도
- 전환
- 지속

16

삶의 설계와 커리어의 상호 균형 전략

Part Ⅰ과 Part Ⅱ에서 나는 커리어를 '현장'의 언어로 기록했다. 어디서 무너졌고, 무엇이 나를 다시 세웠는지, 어떤 태도가 결국 나를 살렸는지. Part Ⅲ로 오면서 시선을 한 단계 위로 올렸다.

13장에서 나는 아버지와 평생 멘토가 남겨 준 방향을 정리했고, 14장에서는 조용한 시간 속에서 나이대별로 달라지는 삶의 자세를 되짚었으며, 15장에서는 연령대별 커리어 로드맵을 지도처럼 펼쳐 보였다. 이제 16장은 이 세 장의 결론이다. 삶과 커리어를 따로 설계하지 말고, 하나의 항로로 재배치하자는 제안이다.

많은 후배들이 커리어를 '일의 문제'로만 본다. 직무, 연봉, 승진, 조직, KPI. 물론 중요하다. 하지만 커리어는 일의 영역에서만 결정되지 않는다. 삶의 리듬이 흔들리면 일의 리듬도 함께 무너진다. 반대로 일의 구조가 무너지면 삶의 균형도 같이 깨진다. 결국 둘은 분리된 두 세계가 아니라, 한 시스템 안에서 서로를 끌어당기고 밀어내는 두 축이다.

나는 이 관계를 '상호 균형'이라고 부른다. 균형은 50:50이 아니다. 시기마다 비율이 달라도, 전체 항로가 뒤집히지 않게 만드는 기술이다. 그래서 나는 Part Ⅱ에서 정리한 '운영 루틴'을 Part Ⅲ에서 한 번 더 확장한다.

회사 안에서만 운영을 잘해서는 오래 못 간다. 조직은 바뀌고, 사람은 떠나고, 시장은 뒤집힌다. 그때 나를 지탱하는 건 회사의 시스템이 아니라 내가 만든 시스템이다. 결국 커리어의 지속 가능성은 '내가 나를 운영하는 방식'에서 갈린다. 그 운영의 축은 크게 세 가지로 정리된다. 기준, 리듬, 지도다.

먼저 기준이다. 13장에서 나는 아버지와 멘토가 남긴 여섯 가지 방향을 '인생의 나침반'으로 정리했다.

아버지가 남긴 메시지는 세 갈래였다. 할 수 있을 때까지 최선을 다하라는 태도, 가족을 끝까지 지키라는 중심, 그리고 건강한 몸과 건전한 정신이 바닥 체력이라는 전제.

멘토가 남긴 메시지도 세 갈래였다. 겸손, 사람 관계의 소중함, 일에 대한 철저함. 이 여섯 가지는 멋있는 교훈이 아니다. 항로를 유지시키는 최소 장비다.

후배들에게 나는 이렇게 말하고 싶다. 균형은 시간 관리로 시작하지 않는다. 기준 관리로 시작한다. 기준이 없으면 일정표는 종이 쪼가리다. 기준이 있으면 일정표는 무기가 된다. 삶과 커리어의 상호 균형 전략이란, 결국 이 여섯 가지를 내 시스템의 축으로 세우고 선택과 루틴을 그 축에 맞춰 정렬하는 작업이다.

다음은 리듬이다. 14장에서 나는 나이대별로 삶의 자세가 달라져야 한다고 썼다. 30대까지는 전력 질주의 구간이다. 일과 가정, 승진과 책임이 한꺼번에 몰려온다. 균형이 흔들리는 게 정상이다. 문제는 40대 이후에도 같은 방식으로 버티려는 순간부터 시작된다. 몸이 먼저 신호를 보내고, 관계가 먼저 흔들리며, 판단력이 무뎌진다.

50대는 더 분명하다. '더, 더, 더'가 아니라 '덜어 내고 남기는 것'으로 성과를 만드는 구간이다. 지적이 아니라 피드백이 필요하고, 긴말이 아니라 짧은 결정이 필요하다. 그리고 60대는 Enjoy가 핵심이 된다. 다만 즐김은 '아무것도 안 함'이 아니다. 의미 있는 관계와 가벼운 일의 형태로 이어질 때, 즐김은 공허가 아니라 힘이 된다.

결국 균형은 목표가 아니라 리듬이다. 리듬은 나이대에 따라 바뀐다. 20대의 리듬으로 40대를 살고, 30대의 방식으로 50대를 버티려 하면 균형이 아니라 소모가 된다.

마지막은 지도다. 15장에서 나는 로드맵을 '미래를 맞히는 문서'가 아니라 '현재의 나를 정확히 놓는 지도'라고 했다. 지금이 속도 구간인지 방향 구간인지 아는 것, 지금 구간에서 반드시 해야 할 일을 정리하는 것. 이것이 로드맵의 본질이다. 그리고 16장은 그 로드맵을 삶과 커리어의 동행 설계로 확장한다. 쉽게 말하면, 커리어의 우선순위를 삶의 우선순위와 같은 표 위에 놓는 것이다.

여기서 균형을 설계할 때 내가 권하는 질문은 하나다.

"지금의 나는 무엇을 늘리고, 무엇을 줄이며, 무엇을 지킬 것인가."

균형 전략은 결국 '재배치'다. 시간도, 에너지도, 관계도, 건강도, 돈도 한정되어 있다. 한정된 자원을 어디에 배치하느냐가 커리어의 지속성을 만든다. 나는 후배들에게 균형을 점검할 때 '네 개의 계기판'을 보라고 권한다. 삶과 커리어가 흔들릴 때는 대체로 이 네 곳에서 먼저 신호가 온다.

- 체력 계기판: 잠·운동·식사·회복의 리듬이 무너졌는가.
- 관계 계기판: 갈등이 '빈도'가 아니라 '질'로 변했는가.
- 성과 계기판: 결과가 아니라 판단과 실행 속도가 떨어졌는가.
- 의미 계기판: 일을 하고 있는데도 공허가 커지고 있는가.

이 네 곳 중 두 곳 이상이 동시에 흔들리면, 그때는 '더 열심히'가 답이 아니다. 그건 엔진을 더 밟는 방식일 뿐, 항로를 바꾸지 못한다. 그때 필요한 건 재배치다. 일을 줄이라는 말이 아니다. 방식과 무게 중심을 바꾸라는 뜻이다.

여기서 한 가지 비유를 덧붙이고 싶다. 내가 좋아하는 선수 중 한 명이 뉴욕 양키스의 데릭 지터다. 지터는 20시즌을 한 팀에서 뛰었고(1995~2014), '캡틴(The Captain)'으로 불리며 5개의 우승 반지로 평가받는 선수였다. 그가 남긴 가장 큰 교훈은 '압도적인 재능'이 아니라, 불필요한 변수에 휘둘리지 않고 자기 운항을 유지하는 능력이었다. 큰 무대일수록 승부는 실력만으로 갈리지 않는다. 컨디션, 팀 분위기, 순간의 판단, 그리고 무엇보다 '사람의 태도'가 승리를 깎아 먹는다.

그래서 나는 지터를 떠올리며, 조직에서도 스스로에게 이렇게 경계한다. 승리를 방해하는 건 대개 거창한 전략 실패가 아니라, 작은 태도의 균열에서 시작된다고. 내가 메모해 둔 '승리를 방해하는 다섯 가지'는 이렇다.

첫째, 승리에 신경 쓰지 않는 태도. "대충 해도 되겠지."가 팀을 무너뜨린다.

둘째, 잘난 체하는 태도. 성과가 나올수록 오만은 빨리 자란다.

셋째, 개인 성적만으로 성공을 판단하는 태도. 조직은 결국 '함께 이긴 사람'을 기억한다.

넷째, 핑계를 습관처럼 붙이는 태도. 컨디션·환경·상대 탓은 순간은 편하지만, 성장은 멈춘다.

다섯째, 부정적인 생각을 방치하는 태도. 부정은 전염되고, 판단을 느리게 만든다.

나는 이 다섯 가지를 '팀 스포츠의 교훈'이라고 말하지만, 사실 직장 생활에도 그대로 적용된다. 균형이란 결국 내 삶과 내 커리어를 흔드는 변수를 줄이고, 내가 통제 가능한 것에 에너지를 배치하는 기술이다. 그 기술을 가진 사람은 오래간다. 오래가는 사람은 결국 더 멀리 간다.

여기까지 오면 결론은 오히려 단순해진다. 삶과 커리어의 상호 균형 전략은 "일을 덜 하자."가 아니다. "삶을 더 챙기자."도 아니다. 둘을 동시에 지속시키기 위한 운항 능력을 갖추자는 것이다. 어떤 시기에는 일이 더 무겁고, 어떤 시기에는 삶이 더 무겁다. 중요한 건 무게 중심이 바뀌어도 배가 뒤집히지 않게 만드는 것이다.

그러려면 기준이 있어야 하고, 리듬이 있어야 하고, 지도가 있어야 한다. 그리고 무엇보다, 내 시스템을 매년 업데이트해야 한다. 균형은 완성형이 아니라 업데이트형이기 때문이다.

나는 지금도 이 균형을 실험하고 있다. 커리어가 한 번 더 이어질지, 다른 종착역으로 갈지 아직 모른다. 다만 분명한 건 하나다. 내 삶의 중심이 무너지면 어떤 선택도 오래 못 간다. 그래서 나는 기준을 다시 잡고, 루틴을 다시 세우고, 로드맵을 다시 펼친다. 균형은 '평화'가 아니라 '운항'이다. 흔들려도 다시 복귀하는 능력이다.

그리고 이 장은 Part IV로 넘어가기 위한 마지막 다리다. Part IV에서는 이제 더 구체적으로, 내 내비게이션을 실제로 어떻게 세팅하고 조정할 것인가를 다룰 것이다. 기준과 리듬과 지도는 준비되었다. 이제는 좌표를 찍고, 위험 구간을 표시하고, 우회로를 확보하는 단계다. 삶과 커리어는 결국 함께 간다. 함께 간다는 건 둘 중 하나를 희생하라는 말이 아니라, 둘을 같은 지도 위에서 운항하라는 뜻이다.

─────── **핵심 키워드**

- 기준
- 재배치
- 운항

──────── Part Ⅰ에서 나는 파도 속에서 버틴 기록을 남겼고, Part Ⅱ에서 항로를 잃지 않기 위한 '진간장 루트'를 정리했다. Part Ⅲ에서는 선배 캡틴들이 남긴 기준으로 내 내비게이션을 세팅했다. 이제 Part Ⅳ는 남은 한 가지를 다룬다. 내가 이 배를 맡을 자격이 있는지, 냉정하게 점검하는 시간이다. 항로는 지도로 정하지만, 운항은 결국 실력으로 결정된다. "독자는 이 장들을 읽으며 '나의 능력치'를 체크하게 될 것이다."

17

공부를 해야 '감'도 실력이 된다

커리어에서 "항로를 판단한다."라는 말은 멋있어 보이지만, 실은 아주 단순한 능력이다. 무엇을 선택해야 하는지 아는 힘이다. 선택은 누구나 한다. 문제는 선택의 기준이 자주 흔들린다는 데 있다. 컨디션이 나쁘면 비관으로 기울고, 분위기가 좋으면 낙관으로 치우친다. 주변의 말 한마디가 방향을 틀기도 하고, 당장의 평가가 내일의 결정을 바꾸기도 한다. 우리는 모두 감정의 영향을 받는다. 자연스러운 일이다. 다만 커리어의 항로를 감정으로만 잡기 시작하면, 항해는 어느 순간부터 '계획'이 아니라 '반응'이 된다.

그래서 나는 관제탑의 관점으로 커리어를 다시 본다. 관제탑은 감정으로 항로를 잡지 않는다. 항로는 레이더와 계기판으로 판단한다. 커리어의 레이더가 바로 기본 실력이다. 여기서 말하는 기본 실력은 성적표가 아니다. 공부로 쌓인 사고의 체력이다. 읽고, 이해하고, 정리하고, 설명하는 능력. 결국 일을 '감'으로 하는 것처럼 보여도, 끝까지 가면 결정은 지식 위에서만 정확해진다.

고3부터 대4까지 흔히 말하는 '7년'은 사람의 바닥을 만든다. 전공이 무엇이든 그 시간을 제대로 통과한 사람은 최소한의 사고력을 갖추게 된다. 반대로 그 시간을 대충 통과하면 커리어의 중후반에 대가를 치르게 된다. 이유는 간단하다.

직급이 올라갈수록 정답이 사라지기 때문이다. 실무 단계에는 정답에 가까운 답이 있다. 하지만 팀장, 본부장, 임원 구간으로 갈수록 남는 건 선택뿐이다. 무엇을 버릴지, 무엇을 살릴지, 무엇을 미룰지, 무엇을 지금 결심할지. 그 선택의 질이 성과가 되고, 선택의 질이 곧 사람의 '격'이 된다.

패션은 학문이 아니라고 말하는 사람도 있다. 맞다. 하지만 패션이 지식 없이 되는 일은 아니다. 소재를 모르면 상품이 흔들리고, 유통을 모르면 매출이 흔들리고, 재무를 모르면 조직이 흔들린다. 그리고 사람을 모르면 결국 모든 것이 흔들린다. 커리어의 항로 판단은 감각이 아니라 언어와 구조로 이루어진다. 언어가 있어야 설명할 수 있고, 설명할 수 있어야 설득할 수 있으며, 설득할 수 있어야 자원이 붙고, 자원이 붙어야 성과가 난다. 그래서 관제탑은 결국 정확한 언어로 판단하고, 그 판단을 시스템으로 옮기는 역할이다. 기본 실력은 그 출발점이다.

내가 이 사실을 가장 선명하게 인정했던 순간이 뉴욕에서 FIT를 준비하던 시기였다. 그때 내게 유학은 '멋있어 보이기 위한 선택'이 아니었다. 내가 갈 길을 판단할 언어가 필요했기 때문에 공부했다. 영어는 시험 과목이 아니라 생존 조건이었다. 수업을 듣고 싶으면 알아들어야 했고, 일을 하고 싶으면 설명해야 했다. 말이 막히면 기회가 막혔고, 생각이 정리되지 않으면 설득이 되지 않았다.

처음엔 자존심이 무너졌다. 잘난 척할 근거가 없으니 남은 방법은 하나였다. 매일 붙잡는 것. 단어를 외우고, 원서를 읽고, 과제를 끝까지 밀어붙이고, 다음 날 다시 반복하는 것. 화려하진 않았다. 하지만 그 루틴이 남긴 것은 점수나 스펙이 아니라 "내가 나를 운영할 수 있다."라는 감각이었다. 커리어에서 가장 강력한 통제력은 남을 통제하는 힘이 아니라 자기 자신을 운영하는 힘이다.

그 확신이 더 굳어졌던 기억이 있다. FIT 마지막 학기에 집중했던 Product Development Part Ⅱ의 기말 Term Project 프레젠테이션이다. 결과가 좋았던 이유는 재능이 아니라 과정이었다. 자료를 읽고 정리하고, 구조로 엮고, 말로 설명하는 훈련을 반복했다. 담당 교수님이 "이렇게 완벽하게 프로젝트를 소화한 사례는 드물다."라고 평가해 주셨고, A+라는 결과도 얻었다.

그러나 더 중요한 건 그다음이었다. 교수님의 강력한 추천이 이후 A|X 인턴 과정으로 이어지고, 마침내 입사로 이어지는 과정에서도 실제로 도움이 됐다. 이 경험은 내게 한 가지를 분명히 알려 줬다. 기본 실력은 '준비'가 아니라 기회를 현실로 전환하는 장치라는 사실이다. 추천은 호의가 아니다. 누군가가 내 능력을 대신 보증해 주는 행위다. 그 보증을 끌어내는 힘은 운이 아니라 축적된 실력이다.

기본 실력은 커리어 초반에만 쓰는 도구가 아니다. 오히려 커리어가 깊어질수록 더 중요해진다. 중간관리자 이후부터는 '정답을 맞히는 능력'보다 '정답이 없는 상황에서 최선의 선택을 만드는 능력'이 필요해진다. 이때 선택은 머리 좋은 사람이 잘하는 게 아니다. 기본기가 있는 사람, 즉 읽고 이해하고 정리하고 설명할 수 있는 사람이 선택의 질을 높인다. 선택의 질이 높아지면 리스크는 줄고, 리스크가 줄면 조직은 더 큰 권한을 준다. 커리어는 결국 더 큰 항로를 맡게 된다.

나도 한 번 더 그 사실을 확인한 적이 있다. LF 시절, 손익 중심의 의사 결정 구조 속에서 일하다 보면 재무를 모르면 선택이 흐려진다는 걸 절감했다. 나는 내 약점을 인정했고 보완이 필요하다고 판단했다. 그래서 세계경영연구원(IGM)에서 CFO 과정을 6개월간 공부했다. 이 선택은 더 똑똑해지기 위해서가 아니라 의사 결정 언어를 갖추기 위해서였다. 임원급의 판단은 감각만으로 설명되지 않는다. 숫자와 구조로 설명되어야 조직이 움직인다. 그때 다시 확인했다. 커리어는 '일한 시간'이 아니라 학습의 시간이 축적된 방향으로 움직인다는 것을.

지금 와서 후회 없이 "공부를 정말 잘 했다."라고 말할 수 있는 순간을 꼽으라면 내게는 크게 세 가지다. 제대 후 경제학 공부를 미친 듯이 해서 수석 졸업이라는 결과를 만들었던 시간, 유학에서 죽어라 공부해 원하는 학교를 졸업하고 미국 회사에 취직했던 시간, 그리고 마지막으로 기획만 고집하지 않고 영업으로 폭을 넓혀 현장 학습을 통해 브랜드에 대한 시야를 키우고 네트워크를 확장했던 시간이다. 분야는 달라 보이지만 본질은 같다. 공부 → 언어 → 판단 → 선택 → 항로. 이 체계가 내 커리어의 바닥을 만들었다.

나는 후배들에게 "유학이 답이다."라고 말하고 싶지 않다. 유학은 플러스 요인이 될 수 있지만 본질은 그게 아니다. 내가 말하고 싶은 건 하나다. 어디서든 공부를 끝까지 해 봐라. 공부는 책상에만 앉는 행위가 아니다. 현장을 공부하고, 사람을 공부하고, 실패를 공부하는 것이다. 그리고 그 공부가 쌓이면 감은 '감'으로 끝나지 않는다. 감이 언어를 만나고, 언어가 구조를 만나면, 감은 실력이 된다.

그래서 커리어가 흔들릴 때 해결책은 대개 더 큰 결단이 아니다. 더 큰 결단은 오히려 리스크를 키운다. 흔들릴 때 필요한 것은 한 걸음 물러서서 기본 실력을 점검하는 일이다. 지금 내 판단의 언어가 충분한가. 지금 내 선택을 설명할 수 있는가. 지금 내가 맡은 항로를 이해하고 있는가. 이 질문에 '예'라는 답이 많아질수록 커리어의 항로는 안정된다. 그리고 그 안정이 결국 성장의 속도를 만든다.

2014년, CFO 과정 수료식에서

─────── **핵심 키워드**

- 기본기
- 언어
- 판단

18

이직도 항해술이다: Maneuver의 기술

경력은 숫자처럼 보이지만, 실제로는 밀도다. 같은 10년이 모두 같은 10년일 수는 없다. 어떤 사람의 10년은 한 방향으로 깊게 쌓인 10년이고, 어떤 사람의 10년은 여기저기 흩어진 10년이다. 이력서에 찍히는 것은 연차지만, 시장이 평가하는 것은 그 연차가 만들어 낸 완성도다. 더 정확히 말하면, '연차'는 경력을 설명하지만 '깊이'는 커리어를 완성한다.

여기서 내가 자주 쓰는 단어가 하나 있다. Maneuver. 군대에서 말하는 '전략적 기동'이다. 중요한 건 한 가지다. 모든 움직임에는 이유가 있어야 한다. 커리어도 마찬가지다. 이직은 단순한 이동이 아니라 '기동'이다. 목적이 분명한 이동은 항해술이 되지만, 이유가 흐릿한 이동은 표류가 된다. 경력은 늘어나는데 커리어는 가벼워지는 이유가 바로 여기에 있다.

요즘은 이직이 흔하다. 이직 자체가 문제는 아니다. 오히려 필요한 경우가 많다. 문제는 이동이 목적을 잃을 때다. 연봉과 직급만을 위해 이직을 반복하다 보면, 어느 순간 커리어는 생각보다 빠르게 가벼워진다. 회사는 바뀌었는데 내 안에 남는 무기가 없다. 언뜻 보면 전진하는 것 같지만, 장기 항로에서 보면 '도착'이 아니라 '순환'이 되는 경우가 있다.

더 냉정한 이야기도 있다. 연차가 많아질수록, 이직 횟수가 많은 리더를 회사는 망설인다. '실력이 부족해서'라기보다 "배를 맡겼을 때 끝까지 항로를 지킬까?"라는 질문이 생기기 때문이다. 상위 보직은 능력만으로 맡기는 자리가 아니다. 책임의 지속성을 함께 본다. 그래서 커리어 중후반으로 갈수록 이직은 '가능'의 문제가 아니라 '설명'의 문제가 된다. "왜 떠났는가."가 아니라 "그 선택이 나의 깊이를 늘렸는가."를 말할 수 있어야 한다.

관제탑의 관점에서 보면 '깊이'는 시간으로 쌓이지 않는다. 통과한 구간으로 쌓인다. 쉬운 구간만 반복해서 지나가면 비행시간은 늘어나도 조종 실력은 늘지 않는다. 반대로 난기류를 통과하고, 대체항을 찾고, 연료 계산을 다시 하고, 착륙을 안전하게 만들어 본 경험이 쌓이면 항로 판단의 질이 달라진다. 커리어도 정확히 그렇다. 깊이가 생긴다는 건 '무엇을 해 봤는지'가 늘어나는 게 아니라, '무엇을 책임질 수 있는지'가 선명해지는 상태다. 그리고 그 선명함이 곧 신뢰가 된다.

패션 업계는 특히 더 그렇다. 시즌과 유통, 상품과 고객이 촘촘히 연결된 산업에서 한 번의 성공이 다음 성공을 자동으로 보장하지 않는다. 결국 남는 질문은 이것이다. "이번 시즌을 잘했다."가 아니라 "다음 시즌도 안전하게 맡길 수 있는 사람인가." 깊이는 그 질문에 답하는 힘이다. "내가 무엇을 잘했다."가 아니라 "내가 무엇을 끝까지 가져갈 수 있다."를 증명하는 힘.

그래서 깊이는 종착역과 연결된다. 종착역 없이 움직이면 경력은 쌓이는 듯하다가도 어느 순간 합쳐지지 않는다. 선택의 이유가 끊기고, 이유가 끊기면 신뢰도 끊긴다. 반대로 종착역을 정하고 움직이면 각 회사와 각 역할이 하나의 선으로 연결된다. '왜 그때 그 선택을 했는지'가 설명되고, 그 설명이 곧 신뢰가 된다.

커리어는 결국 신뢰 게임이다. 깊이가 있는 사람은 말을 짧게 해도 설득된다. 이미 통과한 구간이 많기 때문이다. 반대로 깊이가 없는 사람은 말을 길게 해도 불안해 보인다. 아직 책임의 흔적이 부족하기 때문이다.

내가 후배들에게 자주 하는 말이 있다. "커리어는 이력서가 아니라, 책임의 이력이다." 책임을 맡아본 사람은 안다. 내가 끝까지 가져가야 하는 것이 무엇인지, 내가 감당할 수 없는 것이 무엇인지. 그 구분이 생기면 커리어가 단단해진다. 단단해진다는 건 흔들리지 않는다는 뜻이 아니다. 흔들려도 복귀할 수 있다는 뜻이다. 위기 때 중심을 잡는 힘, 난기류에서 자세를 회복하는 능력. 그게 완성도다.

이 말은 내 경험에서 더 분명해졌다. 내가 아버지 회사에서 기획을 하다가 영업으로 전환했을 때, 솔직히 자존심이 흔들렸다. '내가 왜 이걸 해야하지?' 기획은 내 언어였고, 영업은 낯선 언어였다. 그런데 현장은 냉정했다. 숫자가 바로 나오고, 관계가 바로 반응하고, 실수는 즉시 비용이 됐다. 매장이 원하는 말을 못 하면 기회가 닫혔고, 바이어의 표정을 읽지 못하면 다음 시즌이 사라졌다. 그때 깨달았다. 내가 지금 통과하는 이 구간이 내 커리어의 깊이를 만드는 구간이라는 걸. 좋아하는 일만 하면 깊이가 생기지 않는다. 싫은 일, 낯선 일, 두려운 일을 통과하면서 깊이가 만들어진다.

여기서 이직 이야기를 조금 더 현실적으로 해 보자. 이직을 고민할 때 "연봉을 보지 말라."라는 말은 공허하다. 프로 세계에서 자신의 가치를 인정받는 가장 직접적인 척도는 연봉이 맞다. 프로 야구에서 FA가 더 좋은 조건을 찾아 이동하는 것도 너무 자연스럽다. 하지만 한 가지 원칙은 분명하다. 몸값이 올라가려면 포지션이 선명해야 한다. 단지 팀을 옮겼다는 사실이 아니라, 옮긴 뒤에도 "그 역할을 맡길 수 있다."라는 확신을 증명해야 한다. 커리어도 똑같다.

그래서 나는 질문을 이렇게 바꾸자고 말한다. "연봉이 얼마냐?" 이전에, 이 세 가지를 먼저 점검해 보라고.

1. 이 이동은 종착역을 향해 가까워지는가.
2. 이동 후 내가 책임질 범위가 더 커지는가.
3. 이 선택을 한 문장으로 설명할 수 있는가.

이 세 가지 중 두 개 이상에 '예'라고 답할 수 있다면, 그 이직은 Maneuver가 될 가능성이 크다. 반대로 세 질문 모두에 답이 애매하다면, 그 이동은 커리어를 키우는 방법이 아니라 커리어를 소모시키는 이동이 될 수 있다. 연봉과 직급은 중요하다. 그러나 그것이 유일한 목적이 되는 순간 이동은 '성장'이 아니라 '소모'가 된다. 그리고 장기적으로는 커리어 개발에 도움이 되지 않을 수도 있다.

특히 패션에서는 이 문제가 더 날카롭게 드러난다. 여성복, 캐주얼, 잡화, 화장품…. 영역이 넓은 만큼 "내가 무엇을 끝까지 책임질 수 있는가."가 없으면 커리어의 의미가 쉽게 퇴색된다. 요즘 MZ 세대일수록 이직의 문이 열려 있는 만큼, 오히려 더 조심해야 한다. 이동이 쉬울수록 커리어는 가벼워지기 쉽다. 그래서 나는 이직을 말리기보다 질문을 바꿔 주고 싶다. "이 선택이 내 깊이를 늘리는가." 이 문장을 연봉과 직급 옆에 반드시 붙여 보았으면 한다.

깊이는 속도를 늦추는 것처럼 보일 때가 많다. 하지만 길게 보면 깊이가 속도를 만든다. 깊이가 있으면 역할이 커지고, 역할이 커지면 선택지가 늘어난다. 선택지가 늘어나면 협상력이 생긴다. 협상력이 생기면 결국 연봉도 따라온다. 그러니 연봉을 무시할 필요는 없다. 다만 연봉이 '목표'가 되면 커리어는 흔들리고, 연봉이 '결과'가 되면 커리어는 단단해진다. 관제탑이 보는 것은 바로 그 차이다.

이 장의 결론은 단순하다. 경력은 숫자지만, 커리어는 완성도다. 완성도는 '시간'이 아니라 책임과 통과한 구간에서 나온다. 그리고 이직은 그 구간을 바꾸는 강력한 기동이기에, 더더욱 이유가 분명해야 한다. 후배들이 앞으로 어떤 항로를 선택하든, 그 항로가 길어질수록 결국 자신을 지켜 주는 것은 화려한 이직 리스트가 아니라, 한번 맡으면 끝까지 책임지고 복귀해 낸 경험의 밀도다. 그것이 Maneuver를 '기술'로 만드는 유일한 방법이다.

─────── **핵심 키워드**

- Maneuver
- 책임
- 종착역

19

네트워크는 숫자가 아니라 전환율이다

17장에서 나는 '공부'가 왜 필요한지, 그리고 공부가 어떻게 감을 실력으로 바꾸는지를 말했다. 18장에서는 커리어의 이동이 단순한 이직이 아니라 Maneuver(전략적 움직임)가 되어야 한다고 강조했다. 이제 남은 질문은 이것이다. 기본 실력도 갖췄고, 이동의 이유도 명확하게 설계했다면, 그다음 속도는 무엇이 결정하는가.

커리어는 실력으로 시작한다. 그런데 어느 순간부터는 사람을 통해 가속된다. 이 말을 불편해하는 후배들이 있다. "결국 인맥인가요?"라고 묻는다. 나는 솔직하게 답한다. 인맥이 아니라 네트워크다. 더 정확히 말하면, 네트워크의 가치는 '명함 수'가 아니라 전환율에서 결정된다.

인맥은 술자리의 친분으로도 생긴다. 하지만 네트워크는 그보다 훨씬 무겁다. 네트워크는 '연결'이 아니라 '신뢰의 연결'이다. 그리고 이 신뢰는 공짜로 주어지지 않는다. 실력 위에 쌓이고, 태도 위에 굳어지고, 시간이 지나면서 비로소 확률이 된다. 관제탑 관점에서 네트워크는 엔진이 아니다. 엔진은 기본 실력이다. 엔진이 없으면 아무리 페달을 밟아도 속도가 나지 않는다. 네트워크는 가속 페달이다. 같은 엔진을 가진 사람들 사이에서 속도의 차이를 만드는 장치다.

그렇다면 전환율은 무엇인가. 나는 전환율을 이렇게 정의한다.

누군가가 나를 소개했을 때, 그 소개가 실제 기회와 결과로 이어지는 비율.

전화번호가 천 개인지 이천 개인지는 중요하지 않다. 중요한 건 "그 사람이라면 맡겨도 된다."라는 말이 결정권자에게 전달되고, 그 전달이 면접·스카우트·프로젝트·협상 같은 실전 기회로 전환되는가다. 네트워크의 핵심은 '누구를 아느냐'가 아니라, '누구와 신뢰를 주고받고 있느냐'의 문제다.

이 전환율은 어떻게 만들어질까? 네트워크에는 두 개의 결이 있다. 하나는 나를 끌어 주는 사람들이다. 상사, 선배, 멘토처럼 내 가능성을 먼저 보고 기회를 열어 주는 사람들. 다른 하나는 나를 확장시키는 사람들이다. 헤드헌터, 업계 파트너, 유통의 의사 결정자, 협력사 리더처럼 내 시장의 반경을 넓혀 주는 사람들. 이 둘이 맞물리면 커리어는 가속된다. 내부에서 인정받아도 시장에서 고립되면 속도가 막히고, 시장에서 이름이 알려져도 내부 성과가 부실하면 오래 못 간다. 그래서 네트워크는 관계의 양이 아니라 구조다. 내가 어느 축에서 신뢰를 얻고 있고, 그 신뢰가 어디로 이어지고 있는지, 그 지도를 그릴 수 있어야 한다.

나는 네트워크의 힘을 '개념'으로 배운 적이 없다. 커리어의 결정적인 순간마다 '현실'로 배웠다. 스카우트는 어느 날 갑자기 하늘에서 떨어지지 않는다. 대부분은 오래 쌓인 평판의 결과다. "맡기면 해낸다."라는 말, "뒤끝 없이 정리한다."라는 말, "현장을 안다."라는 말. 이런 말이 한 번, 두 번 돌기 시작하면 기회는 열린다. 결국 네트워크는 운처럼 보이지만, 실은 시간이 만든 확률이다. 내가 관리할 수 없는 운이 아니라, 내가 관리할 수 있는 확률 말이다.

후배들이 흔히 착각하는 지점이 있다. 네트워크를 만들려면 '좋은 사람'이 되어야 한다고 믿는다. 물론 기본은 중요하다. 하지만 네트워크에서 더 중요한 것은 명확함이다. 내가 무엇을 할 수 있는지, 무엇을 해 봤는지, 무엇을 원하는지. 이 세 가지가 불명확하면 연결이 생겨도 이어지지 않는다. 만나서 말은 오래 했는데, 돌아서면 남는 문장이 없는 사람은 네트워크가 '기회'로 전환되기 어렵다. 반대로 이 세 가지가 명확한 사람은 짧게 말해도 이미지가 남고, 그 이미지가 남으면 "다음에 함께하자."로 이어진다. 네트워크는 친분이 아니라 재현 가능한 신뢰이기 때문이다.

현장에서는 이 차이가 더 노골적으로 드러난다. 내가 MCM에서 1층 자리 사수를 두고 백화점과 부딪히던 시절을 떠올리면, 네트워크는 감정적인 '연줄'이 아니라 매우 실무적인 '통로'였다. 협상 테이블에서 숫자는 기본이었다. 매출, 수익, 회전, 고객 구성, 트래픽. 이 모든 것이 논리의 출발점이 된다.

하지만 결론은 종종 숫자만으로 나오지 않았다. 그때 결정적이었던 것은 "누구를 아느냐?"가 아니라 "누구와 신뢰가 있느냐?"였다. 신뢰가 있으면 대화가 열린다. 대화가 열리면 설명할 기회가 생긴다. 설명할 기회가 생기면 숫자가 살아난다. 반대로 신뢰가 닫히면 숫자는 종이 위에서만 존재한다. 1층은 단순한 매장 위치가 아니었다. 브랜드 위상과 다음 시즌 협상력까지 좌우하는 전장이다. 그 전장에서 네트워크는 '편의'가 아니라 결정의 통로, 즉 전환율이 높은 사람에게만 열리는 통로였다.

내 개인 커리어의 궤적을 돌아보면, 전환율의 실체는 더 분명해진다. 나는 AIX 이후 국내로 유턴한 뒤, 부친 회사를 제외하면 Theory, 바네사브루노, MCM, LF, F&F, 메트로시티까지 총 여섯 곳의 회사를 경험했다. Theory는 부친 회사를 나와 헤드헌터를 통해 어렵게 구직에 성공한 경우였다. 직급도 이사에서 차장으로 내려갔고, 연봉도 약 40%를 줄여 들어갔다. 그 이동은 성장이 아니라 생존에 가까웠다.

그런데 불과 6개월 만에 수입 여성복 선두 주자였던 바네사브루노와 미국 수입 질스튜어트(훗날 LF 인수) 두 개 브랜드의 사업부장으로 이동할 수 있었던 것은 '나를 아는 사람'이 아니라 '나를 추천할 수 있는 사람'이 있었기 때문이다.

LF와 F&F 이동 역시 백화점 바이어분들의 추천이 결정적이었다. 그리고 바네사브루노에서 주가를 올리던 시절, 헤드헌터의 연결로 김성주 회장님과 접점이 생기면서 MCM 임원 입사로 이어졌다.

메트로시티 역시 한 백화점 점장님의 추천으로 대표님과 인연이 성사되었다. 정리하면, 여섯 번의 이직 중 헤드헌터를 통한 스카우트가 두 번, 나머지는 모두 바이어분들의 추천이 만들어 낸 길이었다. 결국 내 커리어에서 네트워크의 본질은 '많이 아는 것'이 아니라 추천이 기회로 바뀌는 구조, 다시 말해 전환율이었다.

하지만 여기서 중요한 전제가 있다. 추천은 그냥 생기지 않는다. 추천이 작동하려면 "소개해도 괜찮다."라는 확신이 필요하다. 결국 네트워크의 핵심은 인맥의 양이 아니라 반환 능력이다. 누군가가 나를 연결해 주고, 내가 그 연결을 성과로 반환한다. 이 순환이 만들어지면 커리어는 빨라진다. 순환이 끊기면 네트워크는 오히려 부담이 된다. 소개를 받는 것보다 더 중요한 건, 소개해 준 사람의 얼굴을 세워 주는 것이다. 네트워크가 강하다는 것은 누군가가 나를 소개해 줄 수 있다는 뜻이 아니라, 소개해 준 뒤에도 그 사람의 신뢰를 더 단단하게 만들어 줄 수 있다는 뜻이다.

그래서 나는 후배들에게 네트워크를 '높은 사람을 많이 아는 기술'로 가르치고 싶지 않다. 오히려 반대다. 네트워크는 '상대를 이기는 기술'이 아니라 '신뢰를 쌓는 기술'이다. 작은 약속을 지키고, 보고를 정확히 하고, 말과 결과를 일치시키는 사람에게 네트워크는 붙는다. 평판은 소문처럼 보이지만, 실은 데이터다. 사람들은 함께 일해 본 경험을 바탕으로 판단하고, 그 판단은 예상보다 오래 남는다. 네트워크는 그 판단들이 연결되어 생기는 길이다.

결론은 단순하다. 네트워크를 '쌓아야 하는 것'으로 생각하지 말고 '운영해야 하는 것'으로 생각하라. 운영의 핵심은 언제나 같다. 신뢰가 남고, 결과가 남고, 그 결과가 다시 연결을 만든다. 커리어는 결국 이 순환을 얼마나 안정적으로 돌리느냐의 게임이다. 그리고 그 순환을 보여 주는 지표가 바로 명함의 숫자가 아니라, 전환율이다.

─────── **핵심 키워드**

- 전환율
- 추천
- 반환

20

한 우물 + 두 개의 언어: 멀티플레이어 전략

19장에서 나는 네트워크가 '숫자'가 아니라 '전환율'이라고 말했다. 추천이 실제 기회로 바뀌려면 신뢰가 필요하고, 그 신뢰는 결과로 반환될 때 더 단단해진다. 그런데 여기서 한 단계가 더 남는다. 기회가 왔을 때 내가 그 기회를 끝까지 운영할 수 있는가. 소개가 문을 열어 줬다면, 그다음부터는 결국 "이 사람이 이 판을 맡아도 되겠구나."라는 확신을 만들어야 한다. 그 확신은 보통 한 가지 재능이 아니라, 여러 언어로 판을 정렬하는 능력에서 나온다.

나는 그것을 멀티플레이어 전략이라고 부른다. 단, 멀티플레이어는 이것저것 다 하는 사람이 아니다. 중심이 없는 다재다능은 오히려 정체성을 흐린다. 내가 말하는 멀티플레이어는 명확하다. 한 우물(코어)을 깊게 파되, 최소 두 개의 언어를 더 갖추는 사람이다. 한 우물은 내가 시장에서 설명되는 정체성이고, 두 개의 언어는 그 정체성을 더 먼 바다까지 실어 나르는 운항 장비다.

지금 기업이 원하는 인재를 보면 더 분명해진다. 위로 갈수록 조직은 '한 가지를 잘하는 사람'보다 '여러 업무를 맡겨도 안전한 사람'을 원한다. 그리고 이 흐름은 시대정신과 맞물려 있다. 모두가 가성비를 따지는 시대다. 조직도 마찬가지다. 비용은 날카로워지고, 인력은 줄고, 의사 결정은 빨라진다. 이 환경에서 회사가 찾는 건 '내 일만 잘하는 전문인'이 아니라, 여러 기능이 충돌하지 않게 조정하고, 리스크를 줄이며, 실행 속도를 만들 수 있는 사람이다. 결국 책임자의 자리는 '기술자'가 아니라 '운항자'의 자리다.

내가 이 원리를 몸으로 배운 결정적인 사건이 있다. 나는 원래 기획으로 커리어를 시작했다. 기획은 내 언어였고, 기획의 세계에서는 '논리와 구조'로 설득하면 일이 풀리는 경우가 많았다. 그런데 부친의 권유로 영업으로 분야를 넓혀야 했을 때, 솔직히 말하면 낯설고 힘들었다. 기획은 책상 위에서 설계하는 일이지만, 영업은 매일 현장에서 현실과 맞붙는 일이었다. 어제의 계획이 오늘 매장에서 깨지고, 숫자는 말이 아니라 결과로 돌아오고, 관계는 시간이 아니라 신뢰로 평가받는다. 처음에는 내 자존심이 흔들렸다. '내가 왜 이걸 해야 하지?' '내 길이 맞나?' 같은 질문이 자꾸 머릿속에 떠올랐다.

그런데 지금 돌아보면, 그때의 확장은 내 30년 커리어를 이어 가게 만든 엄청난 힘이 됐다. 영업으로 들어가자 갑자기 세상이 보이기 시작했다. 브랜드는 "잘 만든다."로 끝나지 않는다. 팔려야 살아남는다. 팔린다는 것은 단지 매출이 아니라, 유통의 논리와 고객의 반응, 그리고 조직의 실행이 동시에 맞물린다는 뜻이다. 영업을 경험한 뒤부터 나는 기획을 볼 때도 달라졌다. 상품을 '예쁘게'가 아니라 '현장에서 살아남게' 설계하기 시작했고, 회의실의 논리가 아니라 매장의 언어로 판단하는 습관이 생겼다. 내가 기획자에서 사업가의 시야로 넘어간 순간은 화려한 승진이 아니라, 사실 그 불편한 전환 속에 있었다.

그리고 여기서 정말 중요한 것이 하나 더 생겼다. 바로 백화점 바이어분들과의 인연이다. 이 인연은 단순히 '명함'이나 '연락처'의 문제가 아니다.

협상 테이블에서 숫자는 기본이다. 매출, 수익, 회전, 고객, 트래픽, 논리는 반드시 필요하다. 하지만 현실에서 어떤 문은 '숫자만'으로 열리지 않는다. 바이어의 입장에서도 결국 본인이 조직 안에서 보고하고 설득해야 한다. 그때 필요한 것은 "이 브랜드/이 사람이면 괜찮다."라는 신뢰의 확신이다. 신뢰가 있으면 대화가 열린다. 대화가 열리면 설명할 기회가 생기고, 설명할 기회가 생기면 숫자가 살아난다. 반대로 신뢰가 닫히면 숫자는 종이 위에서만 존재한다.

그래서 나는 이 부분을 돈으로 환산할 수 없다고 말한다. 바이어와의 관계는 단순한 친분이 아니라, 수년의 성과와 태도, 약속과 정리의 방식이 쌓여 만들어지는 자산이다. 더 정확히 말하면, 이것은 나의 커리어에 붙어 있는 신뢰의 통화다. 이 통화는 어느 날 급하게 필요할 때 가장 큰 힘을 발휘한다. 위기 때, 구조 조정 때, 매장 재배치 때, 시즌이 흔들릴 때. 그때 누군가가 "그 사람은 해낸다."라고 말해 주는 한마디가 항로를 바꾼다. 나는 그 순간들을 여러 번 겪었다. 그리고 그때마다 깨달았다. 멀티플레이어 전략은 스펙이 아니라, 현장에서 신뢰를 반환해 본 사람만이 갖는 체력이라는 것을.

여기서 다시 핵심으로 돌아가자. 멀티플레이어는 "한 사람이 다 한다."가 아니라 "한 사람이 판을 운영한다."라는 뜻이다. 패션에서 그 운영을 가능하게 만드는 언어는 대체로 세 가지다. 상품(기획/MD)·현장(영업/유통)·숫자(손익/재무). 위로 올라갈수록 회사는 이 중 최소 두 개를 이해하는 사람을 선호한다. 그래야 이슈가 터졌을 때 감으로 밀어붙이지 않고, 각 부서가 쓰는 언어를 번역해 리스크를 줄일 수 있기 때문이다. 결국 멀티플레이어는 '똑똑함'이 아니라 '안전함'이다. 조직은 안전한 사람에게 큰 항로를 맡긴다.

후배들에게 말해 주고 싶은 현실적인 조언은 간단하다. "한 우물을 버리지 말되, 언어를 늘려라." 싫은 일을 억지로 늘리라는 뜻이 아니다. 다만 전공 밖의 일을 너무 빨리 피하지 마라. 특히 패션 산업은 한 기능만으로는 브랜드가 오래 못 간다. 기획만으로도, 영업만으로도, 마케팅만으로도 완주가 어렵다. 결국 큰 역할을 맡는 사람은 서로 다른 영역이 충돌하지 않게 정렬하는 법을 안다. 그 정렬의 감각은 책상에서만 생기지 않는다. 현장을 거친 사람에게만 생긴다.

이 장을 한 문장으로 정리하면 이렇다.

한 우물은 나를 설명하고, 두 개의 언어는 나를 오래가게 한다.

나는 기획에서 영업으로 확장한 그 한 번의 전환이, 내 커리어의 항속을 만들어 준 가장 큰 레버리지였다고 믿는다. 그리고 그 과정에서 만난 백화점 바이어분들과의 신뢰는, 돈으로 환산할 수 없는 커리어 자산으로 남았다. 가성비 시대일수록 기업은 멀티플레이어를 원한다. 하지만 진짜 멀티플레이어는 스펙이 아니라 걸어온 구간과 신뢰의 반환 경험으로 완성된다.

결국 오래가는 커리어는, 한 우물을 더 깊게 파면서도 더 많은 언어로 항로를 운영할 수 있는 사람에게 열린다.

2015년, 코리아패션대상 산업자원부 장관상 수상

21

패션 보그 캡틴:
안나 윈투어(Anna Wintour)

2019. 10. 03.
블랙핑크 제니, 파리 사로잡은 명품 미모, 카디비·안나 윈투어와 나란히[Oh!쎈 컷]

안나 윈투어가 '관제탑 캡틴'의 표본으로 자주 언급되는 이유는 간단하다. 패션 산업은 '예쁜 것'을 만드는 세계처럼 보이지만, 실제로는 트렌드·

자본·미디어·유통·셀럽·브랜드 권력이 동시에 움직이는 바다다. 이 바다에서 누군가는 배를 잘 몰고, 누군가는 파도를 잘 타고, 누군가는 돛을 잘 달지만, 항로 자체를 만들어 내는 사람은 많지 않다.

안나 윈투어는 바로 그 영역, 패션이라는 산업의 흐름을 전략적으로 정리해서 '보이게 만들고 따라가게 만들어서 결국에는 시장이 형성되게 만들었다'는 인물로 평가받는다. 그래서 그녀를 이야기하는 것은 한 개인의 성공담이 아니라, 컨트롤 타워가 어떻게 작동하는가를 보여 주는 가장 직관적인 사례가 된다.

우리는 이미 앞 장에서 캡틴의 능력치가 어떻게 쌓이는지 순서대로 확인했다. 17장에서 말했듯, 감은 그냥 감이 아니다. 공부와 축적을 거쳐 판단 가능한 언어가 되었을 때만 실력이 된다. 18장에서는 이동조차도 우연이 아니라 Maneuver(전략적 움직임)여야 한다고 했다. 19장에서는 네트워크의 가치가 명함 숫자가 아니라 전환율—추천이 기회로, 기회가 결과로 바뀌는 비율—에서 결정된다고 정리했다. 그리고 20장에서는 위로 갈수록 조직이 원하는 인재는 '한 가지만 잘하는 사람'이 아니라, 한 우물을 중심으로 최소 두 개 이상의 언어를 다루는 멀티플레이어라고 말했다. 21장은 그 네 가지 능력치가 한 사람의 이미지로 압축될 때 어떤 힘을 갖는지 보여 주는 장이다.

영화 「악마는 프라다를 입는다」는 실명 전기가 아니라 '영감/모티프'로 알려져 있고, 우리는 이 사실을 정직하게 전제해야 한다. 하지만 흥미로운 건, 영화가 사실이 아니어도 대중이 한 가지를 정확히 감지했다는 점이다.

패션의 중심에는 디자이너보다 더 냉정한 판단을 내리는 누군가가 있고, 그 판단이 곧 산업의 기류가 된다는 것. 영화 속 편집장은 "좋아요/싫어요."를 말하지 않는다. 더 차갑고 더 정확한 말을 한다. "이건 된다/이건 안된다." 그 순간 방 안의 공기가 바뀌는 이유는, 그 말이 기분이 아니라 시장으로 번역되는 언어이기 때문이다. 관제탑의 언어란 그런 것이다. 감정이 아니라 기준으로 판단하고, 그 판단이 조직과 산업을 움직이는 구조로 전환될 때 비로소 '캡틴'이 된다.

안나 윈투어가 상징하는 첫 번째 능력치는 그래서 공부로 완성된 감이다. 패션은 학문이 아니라고들 하지만, '판단'은 지식 위에서만 정확해진다. 무엇이 새로울지, 무엇이 과한지, 무엇이 브랜드를 살릴지, 무엇이 시장을 피로하게 만들지. 이건 취향의 문제가 아니라 정보와 경험이 축적된 판단의 문제다. 관제탑은 느낌으로 결정을 내리지 않는다. 레이더와 계기판으로 판단하듯, 캡틴은 수많은 사건과 데이터, 사람과 브랜드의 맥락을 통과해 '감'을 '판단'으로 만든다. 그래서 안나 윈투어는 단지 눈이 좋은 사람이 아니라, 패션이라는 복잡한 판을 언어로 정리하고 기준으로 선택하는 사람의 이미지로 남는다.

두 번째는 Maneuver다. 편집장이라는 자리는 멈춰 있는 자리처럼 보이지만, 실은 매 순간 움직이는 자리다. 어떤 사람을 표지에 세울지, 어떤 미감을 밀지, 어떤 디자이너를 '이번 시즌의 언어'로 만들지, 어떤 브랜드의 스토리를 대중이 이해할 수 있게 재배치할지. 이 모든 것은 이동이 아니라 전략적 조정이다.

Maneuver는 '바꾸기 위한 바꿈'이 아니라, '목적을 위해 움직이는 것'이다. 조직에서도 마찬가지다. 이동이 잦은 리더가 의심받는 이유는 이동 그 자체가 아니라, 이동이 스토리로 연결되지 않을 때 '책임'이 보이지 않기 때문이다. 안나 윈투어라는 상징이 흥미로운 건, 그녀의 선택들이 결과적으로 한 산업의 리듬을 만들었다는 점이다. 즉, 움직임이 많아서가 아니라 움직임마다 이유가 있었고, 이유가 결과로 이어졌다는 점에서 Maneuver의 교과서처럼 보인다.

세 번째는 네트워크의 전환율이다. 패션의 네트워크는 특히 잔인하게 작동한다. 누군가를 안다는 사실이 아니라, '그 사람을 내가 소개해도 되는가'가 더 중요하다. 소개는 한 번의 이벤트지만, 소개를 결과로 되돌려 주는 건 능력이다. 안나 윈투어가 상징하는 힘도 결국 여기로 수렴한다. 그녀가 가진 연결이 많은지 적은지가 아니라, 그 연결이 실제로 기회와 시장의 결과로 바뀌는 전환율이 높다는 이미지가 강하다.

다시 말해 그녀의 네트워크는 친분이 아니라, '권력'의 장식이 아니라, 산업이 움직이는 통로로 읽힌다. 그리고 그 통로는 신뢰가 있을 때만 열린다. 신뢰는 공짜가 아니다. 축적된 실력과 태도, 그리고 무엇보다 '반환 경험'—소개받은 뒤에도 결과로 보답해 본 이력—이 만들고 유지한다.

네 번째는 멀티플레이어 전략이다. 위로 갈수록 조직은 '전문가'를 원하면서도 동시에 '운영자'를 원한다. 한 가지를 깊게 파되, 최소 두 개 이상의 언어로 시스템을 조율할 수 있는 사람. 패션 보그의 캡틴이 상징하는 멀티플레이어 능력은 특히 선명하다. 편집의 언어만으로는 산업을 못 움직인다. 브랜드의 언어, 광고·비즈니스의 언어, 셀럽과 대중의 언어, 조직 운영의 언어가 동시에 돌아가야 한다.

한쪽으로 기울면 판은 무너진다. 기준만 강하면 사람이 소모되고, 사람만 챙기면 기준이 흐려진다. 관제탑 캡틴은 그 사이에서 표준(Standards)과 리듬(Rhythm)을 동시에 관리하는 사람이다. 결국 리더십이란 온도의 문제가 아니라, 지속 가능한 시스템으로 항로를 유지하는 능력이다.

그래서 나는 안나 윈투어를 "무섭다/차갑다." 같은 평가로 끝내고 싶지 않다. 영화가 던진 자극적인 장면은 오히려 우리에게 중요한 질문을 준다. "저 자리는 왜 저렇게 될 수밖에 없을까?" 패션이라는 세계는 화려해 보이지만, 그 화려함은 감각만으로 유지되지 않는다. '판단'이 있어야 하고, 그 판단이 시장으로 번역되어야 하며, 그 번역은 네트워크를 통해 가속되어야 하고, 그 가속은 멀티플레이어의 언어로 시스템화되어야 한다. 이 네 가지가 하나로 연결될 때, 비로소 관제탑은 '권력'이 아니라 '기능'이 된다. 그리고 기능이 되는 순간, 캡틴은 타이틀이 아니라 신뢰의 누적으로 완성된다.

이 장을 마무리하며 나는 후배들에게 이렇게 말하고 싶다. 당신이 안나 윈투어를 닮을 필요는 없다. 다만 그녀가 상징하는 관제탑의 원리를 내 판에 적용해 볼 수는 있다. 감을 실력으로 바꿀 정도로 공부했는가. 내 움직임은 Maneuver처럼 이유가 선명한가. 내 네트워크는 숫자가 아니라 전환율로 작동하는가. 나는 한 우물을 중심으로 최소 두 개의 언어로 조직을 움직일 준비가 되었는가.

이 질문에 '예'라는 답이 늘어날수록, 당신의 커리어는 누군가의 배에서 선원이 아니라 항로를 결정하는 캡틴의 자리로 이동한다. 결국 판을 바꾸는 사람은 가장 빠른 사람이 아니라, 가장 오래 기준을 지킨 사람이다. 관제탑의 캡틴은 그렇게 만들어진다.

───── 핵심 키워드

- 관제탑
- 기준
- 전환율

PART V

캡틴이 내다본 현장
BRC 매뉴얼

프롤로그

나는 Part V를 '캡틴이 내다본 현장: BRC 매뉴얼'이라고 부르기로 했다. 멘토링이 '누군가를 돕는 대화'라면, 매뉴얼은 현장에서 바로 꺼내 쓰는 도구다. 그리고 내가 현장에서 부딪힌 대부분의 문제는, 놀랍도록 반복해서 세 갈래로 귀결됐다.

브랜딩(Branding), 리테일링(Retailing), 코칭(Coaching)

유행은 바뀌어도, 브랜드를 세우는 원리·리테일을 움직이는 원리·사람을 성장시키는 원리는 반복된다. 그래서 Part V는 '읽고 감동하는 파트'라기보다, 필요할 때마다 펼쳐서 다시 작동시키는 파트가 되어야 한다.

나는 2008년부터 2023년까지 『어패럴뉴스』「월요마당」에 약 60편의 글을 썼다. 처음부터 이 글을 모아 책을 낼 생각이 있었던 건 아니다. 그때그때 현장에서 필요했던 판단 기준을 메모처럼 정리했고, 그 기록이 쌓여 어느새 10년을 훌쩍 넘겼다. 그런데 원고를 다시 꺼내 읽는 순간, 이상한 감정이 올라왔다.

묘한 짜릿함이었다.

오래전에 쓴 글인데, 그때 지적했던 문제가 아직도 현장에서 개선되지 않은 채 남아 있는 모습을 볼 때가 있었다. 반대로, 당시에는 '가설'처럼 적어 둔 예측이 시간이 지나 절묘하게 맞아떨어져 있는 경우를 발견할 때도 있었다.

순간 생각하게 된다. '그때 내가 괜히 적어 둔 게 아니었구나.' 이것은 자랑이라기보다, 현장에 오래 있었던 사람만이 갖는 이상한 확신이다. 현장은 변해도, 본질은 반복된다. 그리고 반복되는 본질을 언어로 정리해 두면, 언젠가 그것이 다시 나를 살린다. Part V는 그 기록을 '추억'이 아니라 '무기'로 바꿔 놓는 작업이다.

그래서 나는 「월요마당」 원고를 단순히 발행 순서대로 나열하지 않았다. 대신 BRC 세 카테고리로 다시 편집해, 현장 매뉴얼처럼 재배치했다. 더 재미있게 말하면, 나는 BRC를 하나의 항해 구조로 번역해 두었다.

• 선체(Ship) = Branding

배가 단단해야 먼바다로 나간다. 브랜드의 정체성, 상품의 방향, 고객에게 '무엇으로 기억되는가'가 선체다. 선체가 약하면 파도는 늘 같은 결론으로 온다. 흔들리고, 새고, 수리하느라 앞으로 못 간다.

• 항로(Route) = Retailing

좋은 배를 가지고도 항로를 못 잡으면 좌초한다. 어디서 팔지, 어떤 채널을 역할로 설계할지, 현장에서 무엇으로 회전시킬지, 협상에서 무엇을 지킬지. 이게 항로다. 리테일은 '판매'가 아니라 운항이다.

• 선원(Crew) = Coaching

선체와 항로가 있어도, 선원이 지치면 배는 멈춘다. 결국 조직은 사람이고, 사람은 성장과 피드백의 시스템 위에서 버틴다. 코칭은 착한 말이 아니라, 팀이 오래 항해할 수 있게 만드는 운영 기술이다.

정독도 좋다. 하지만 Part V의 더 좋은 사용법은 따로 있다. 제목을 보고, 지금 내 상황에 필요한 글부터 골라 읽는 것이다. 지금 선체가 흔들리는지, 항로가 막혔는지, 선원이 지쳐 있는지. 진단이 되면 필요한 페이지를 바로 펼치면 된다. 이 파트는 감동을 위한 파트가 아니라, 조직과 커리어를 다시 세팅하기 위한 파트이기 때문이다.

마지막으로, 이 글들을 시작할 수 있게 해 준 인연에 감사 인사를 남기고 싶다. 「월요마당」을 쓰게 된 출발점에는 『어패럴뉴스』에서의 따뜻한 격려와 신뢰가 있었다. 우연한 시작을 꾸준한 연재로 이어 갈 수 있도록 길을 열어 주신 박해영 부국장님, 그리고 매번 원고에 대해 격려를 아끼지 않으셨던 박선희 국장님께 진심으로 감사드린다. 또한 오랜 시간 「월요마당」을 통해 현장의 언어를 나눌 수 있게 해 주신 『어패럴뉴스』 관계자 여러분께도 깊이 감사드린다.

이제 Part V는, 캡틴이 현장에서 확인한 원리들을 매뉴얼로 꺼내 놓는 시간이다. 오래된 기록이지만, 놀랍게도 여전히 유효한 문장들이 있다. 시대는 바뀌어도 원리는 반복된다. 그리고 그 원리를 다시 쓸 수 있게 만드는 것. 그것이 'Part V. 캡틴이 내다본 현장: BRC 매뉴얼'의 목적이다.

그에 앞서 2008년 「월요마당」에 첫 기고한 글로 시작을 하려고 한다. 그 이유는 무려 18년 전에 쓴 글임에도 불구하고 지금도 우리가 해결해야 하는 과제인 것 같아 더욱더 의미가 있는 글이라는 생각이 들었기 때문이다.

「월요마당」, 여기서부터 시작되었다: 최고의 품질이 곧 경쟁력

2008년 12월 15일

하반기 미국에서 시작된 금융 시장 위기로 주가 지수 폭락, 환율 급상승, 부동산 경기 급랭, 소비 경제 침체 등, 언론에서는 경기가 침체하고 세계 경제가 불안함을 자극적인 단어를 사용하면서 연일 떠들어 대고 있다. 도 대체 경기가 살아나기를 바라는 건지 아닌지 알 수 없을 정도이다.

한 가지 분명한 건 Market Trend의 순환의 속성을 감안한다면 지금은 경기가 하강하고 이는 소비 지출 감소로 이어지고 결국 생산 활동을 위축시키는 경기 침체기로 접어들 가능성이 있음을 예상할 수 있을 것 같다. 시장 경제가 항상 호황일 수 없듯이 우리가 자동차 보험이나 건강 보험을 드는 것처럼 기업도 불황에 대비해야 할 시점이다.

그렇다면 지금 우리 패션 기업들에게 "필요한 건 뭐?"일까? 최근 L 초고속 인터넷 통신망 CF에서 "지금 필요한 건 뭐?" 한 후 'Speed'를 강조하면서 히트한 광고 문구가 생각이 난다. "Do Something." 뭔가를 하기는 해야 하는데 "Do things right." 정확한 처방을 내릴 수 없다면 "Do nothing." 아무것도 하지 말아야 하는가. 어떤 보험을 들어야만 이 위기를 지혜롭고 안전하게 넘길 수 있을까?

지금까지의 경험으로 본다면 이 시기에 정확한 진단과 처방을 내린 기업은 불황이 끝나 가면 기회를 잡아서 더 나은 기업으로 발전할 수 있지만 그렇지 못한 기업은 시장에서 도태될 수도 있다는 점이다.

하반기 들어서 발표되는 각종 지표를 보면 남성복, 여성복, 유아동복 모두 역신장의 빨간불이 들어왔지만 Luxury Market, 일명 High-End Brand들의 신장세는 가히 기록적이다. 전체 시장 평균 신장률이 10% 미만인 데 반해서 명품 시장만큼은 35~40%의 고신장을 이루고 있다고 한다.

일부 명품 브랜드는 환율 상승으로 인한 면세점 가격과의 차별이 없어져서 백화점에서 연일 신기록을 경신함은 물론이고 세일도 안 한다는 이야기가 들린다. 경기 침체 및 금융 시장 불안 속에서 지속적으로 들려오는 국내 브랜드 중단 소식과는 반대로 해외 브랜드들의 고신장을 우리는 어떻게 해석해야 하는 것일까?

한국 영화 시장이 과거 Hollywood Blockbuster movie와 UIP 직배 시장 체제에 맞서서 다양한 소재, 개성 있는 배우들, 실력 있는 감독들로 맞서 경쟁한 결과 미국 및 유럽 영화들과도 당당히 어깨를 나란히 하게 되었음은 물론이고 해외 영화제에서도 상을 받아 오게 되었다.

패션 산업 역시 해외 유명 브랜드가 아무리 거세게 밀려와도 글로벌 시장 경제에서 살아남는 방법은 역시 좋은 품질의 상품을 만드는 것이다. 호황에 인원은 늘리지 않으면서 경기가 침체기로 간다고 인력을 감축하는 조치나 대기업들이 단기적인 이익만을 생각해서 앞다투어 해외 브랜드 수입에만 열을 올리는 것은 'Do something'일지는 몰라도 'Do things right'는 아니라고 생각한다.

지금 우리에게 필요한 건 바로 해외 명품들과 경쟁해서 이길 수 있는 콘셉트가 명확한 브랜드와 다양한 상품 개발, 그 상품을 개발하는 우수한 인재들, 창조적인 디자이너, 그들의 재능을 발견하고 뒷받침해 줄 수 있는 자본력, 그리고 이들의 노력을 가능하게 뒷받침해 줄 수 있는 제도적인 장치가 필요할 때이다.

좋은 영화는 결국 시장에서 좋은 평가를 받는다는 사실에서 보듯이 우리의 이러한 노력이 소비자가 원하는 상품으로 이어져야만 우리는 당당히 해외 브랜드들과 맞서서 경쟁할 수 있을 것이다. 세계 자동차 시장을 리드했고 주도했던 미국의 자동차 산업이 지금 큰 위기를 겪고 있다. 이유는 간단하다. 일본, 유럽 등에서 나오는 상품과의 경쟁에서 밀렸기 때문이다.

지금 국내 패션 산업이 모두 수입에 밀리면서 위기를 맞고 있는 건 바로 우리 자신의 문제이지, 소비자가 명품만을 선호해서도 경기가 침체기여서도 아니라고 생각한다. 지금 우리에게 필요한 건 '뭐'일까? 우리 자신과 기업에게 반문하고 그 해답을 각자가 찾아야 할 때이다.

성주디앤디 이사 정승기

2008년, MCM 패션쇼 후에 모델분들과

22

K-패션의 성공은
'정체성의 지속성'에서 시작된다

준지, 우영미

세상을 가늠하는 가장 쉬우면서도 위험한 논리 중 하나는 이분법이다.
남성과 여성, 동양과 서양, 승자와 패자. 흑백으로 재단하면 판단은 빨라지지만, 동시에 다양성과 가능성은 사라진다. 지금 국내 패션 시장을 바라보는 시선에도 이 흑백 논리가 깊게 들어와 있다. K-패션은 글로벌 무대에서 아직 걸음마인데, 국내에서는 내수 브랜드와 해외 브랜드의 게임이 이미 끝난 것처럼 말하는 분위기가 있다. 문제는 이런 분위기가 시장을 더 빨리 한쪽으로 '쏠리게' 만든다는 데 있다.

실제로 해외 시장을 바라보면 이 쏠림의 속도가 얼마나 위험한지 더 선명해진다. 수입 전문 업체 대표가 내게 이런 말을 한 적이 있다. "요즘은 파리, 뉴욕, 밀라노를 넘어 벨기에, 네덜란드, 핀란드, 심지어 동유럽에서도 수입 브랜드를 찾으러 다니는 국내 관계자를 만나게 된다." 백화점은 '얼마나 명품과 수입 브랜드를 많이 입점시키느냐'로 경쟁하고, 대기업은 수입 경쟁에서 우위를 점하기 위해 별도의 팀을 꾸린다. 검증된 브랜드를 도입해 빠른 시간 안에 매출을 만드는 이윤 추구 활동 자체를 탓할 수는 없다. 시장은 늘 효율을 원한다.

하지만 문제는 그 효율이 '쏠림'이라는 형태로 굳어질 때다. 더 노골적으로 말하면 '냄비 정신'이다. 한 분야가 잘되면 전문성보다 속도가 먼저가 된다. 너 나 할 것 없이 뛰어들어 시장은 순식간에 레드오션이 되고, 이내 자본과 브랜드력을 갖춘 해외 브랜드만 살아남아 블루오션을 차지한다. 그 사이 국내 브랜드는 무엇을 얻었는가. 카테고리는 붕괴하고, 축적은 사라지고, 다음 기회를 위한 '지속성'은 더 약해진다.

국내 시장의 흐름을 돌아보면 이 현상은 반복되어 왔다. 90년대 후반 여성 정장을 필두로 남성 정장과 스포츠가 뒤를 이었고, 2015년 이후에는 잡화·화장품, 여성복, 캐주얼이 시장을 리드하며 매출을 견인했다. 그런데 시간이 지나고 나면 남는 브랜드는 극소수이고, 어떤 영역은 90% 이상이 수입 브랜드로 재편되기도 한다. 약육강식의 룰 자체는 피할 수 없다. 다만 문제는 속도다. 너무 빠르게 몰리면, 국내 브랜드가 '경쟁'이 아니라 '소모'로 들어간다. 성장의 곡선을 만들기도 전에 체력이 먼저 닳는다.

여기서 우리는 'K-패션'이라는 말을 다시 정의해야 한다. 누군가는 각 분야 대형 브랜드 몇 개를 K-패션 대표 주자로 거론하지만, 실제로는 해외 브랜드를 라이선스로 전개하는 경우가 많다. 진정한 의미에서 K-패션은 해외에서 관심을 받고 있는 준지, 우영미, 젠틀몬스터 같은 브랜드, 그리고 최근 부상하는 마뗑킴, 렉토처럼 '자기 언어로 설명되는 브랜드'에 더 가깝다. 결국 K-패션의 경쟁력은 '규모'가 아니라 정체성(Identity)과 지속성(Continuity)에서 시작된다.

MBC 라디오, 「배철수의 음악캠프」

그렇다면 정체성은 무엇으로 만들어지는가. 정체성은 네임, 로고, 심벌, 마크, 캐릭터 같은 구체적 요소로도 구성되지만, 제품과 서비스의 본질, 기업의 철학 같은 무형의 요소로도 완성된다. 즉, 정체성을 확립한다는 것은 "소비자에게 어떤 이미지를 각인시킬 것인가."를 결정하는 일이며, 그 결정은 반드시 브랜드 히스토리와 실체적 이미지로 증명되어야 한다. 말만 그럴듯한 정체성은 오래가지 못한다. 정체성은 결국 시간이 만든 증거다.

나는 이 지점을 설명할 때 종종 「배철수의 음악캠프」를 떠올린다. 수많은 라디오 채널 가운데 거의 유일하게 팝 음악을 30년 넘게 다루며, DJ가 처음부터 지금까지 한 사람이다. 해외 팝 스타들이 내한 공연을 할 때 이 프로그램 출연 여부를 자신의 인기 척도로 가늠한다는 말까지 있다. 그 힘은 어디서 오는가. '팝 음악'이라는 선명한 정체성과 30년이 넘는 지속성, 그리고 그 시간 동안 쌓인 출연진이라는 실체가 만든 결과다. 패션에서도 본질은 같다. 정체성은 선언이 아니라 축적이다.

여기서 불편하지만 중요한 질문을 하나 던져야 한다. 국내 패션 브랜드 중에서 '히스토리와 실체적 이미지'가 있고, 크리에이티브 디렉터가 수십 년 이상 한 방향으로 이끌어 온 브랜드가 얼마나 되는가. 우리는 BTS, 손흥민 같은 상징을 쉽게 떠올리면서도, "누가 한국을 대표하는 K-패션 브랜드인가."를 묻는 순간 말문이 막히는 경우가 많다. 그 이유는 단순하다. 브랜드가 정체성으로 성장하기 전에, 시장이 단기 성과로 브랜드를 소비해 버리는 구조가 더 강했기 때문이다. 단기간 성과 중심의 상품 기획, 무리한 유통망 확장, 과도한 광고 노출은 브랜드를 '크게' 만들 수는 있어도 '오래' 만들지는 못한다.

브랜드의 지속성을 보여 주는 사례를 하나 들어 보자. 국내에 첫 매장을 낸 '슈프림'을 보면 브랜드 아이덴티티가 왜 중요한지 직관적으로 이해하게 된다. 1994년 뉴욕의 작은 스케이트보드 가게로 출발한 슈프림은 희소성과 독창성을 기반으로 전 세계에 단 7개 매장만 운영해 왔다. 그 결과 콧대 높은 럭셔리 하우스들이 앞다투어 협업을 했고, 결국 거대한 기업에 인수될 만큼 브랜드의 가치가 증명됐다. 이 사례가 말해 주는 것은 단하나다. 브랜드는 유행을 '따르는 것'이 아니라, 유행을 견디는 '기준'으로 커진다.

그런데 우리는 왜 이 기준을 만들기 어려웠을까. 답은 다시 '지속성'으로 돌아간다. K-패션이 독창성과 글로벌 경쟁력을 갖추려면 시간과 사람에 대한 투자가 필요하다. 기업에서 시간은 곧 자본이다. 브랜드가 세계에서 인정받는 과정은 단기간의 ROI로만 설명되지 않는다. 유럽의 럭셔리 하우스가 하룻밤에 만들어지지 않듯이, K-패션도 '기다릴 수 있는 체력'이 있어야 한다. 하지만 국내 유통 환경은 수수료 중심 구조가 강하고, 브랜드에 빠른 리턴을 요구하는 압박이 크다. 이 구조가 바뀌지 않으면 브랜드는 결국 흑백 논리 속에서 평가받는 '반쪽짜리' 한계를 벗어나기 어렵다.

이 지점에서 나는 오래전 런던 출장에서 느꼈던 묘한 감정을 떠올린다. 당시 국제 매장 GM들이 모인 컨퍼런스 자리에서 본사 관계자를 포함한 여러 사람들이 내게 물었다. "왜 한국에서는 유럽 명품들이 유독 계속 성장하나요?" 질문을 들은 순간 나는 깨달았다. 한국의 명품 소비는 국내 현상만이 아니라, 해외에서도 관찰될 만큼 큰 흐름이 되어 있었다. 돌아오는 비행기 안에서 나는 계속 생각했다. 왜 한국에서만 이들의 신장세가 죽지 않는가. 그리고 그 질문은 자연스럽게 다음 질문으로 이어졌다. 그렇다면 한국발 글로벌 명품은 왜 아직 '용광로'가 아닌가.

라면을 냄비에 끓이면 물은 빨리 끓고, 빨리 먹을 수 있다. 그러나 먹기 시작하면 금방 식는다. 반대로 수백 시간 달궈진 용광로는 철강과 선박의 재료를 만들어 내며, 한번 붙은 불은 쉽게 꺼지지 않는다. 나는 이 비유가 K-패션의 현재를 정확하게 설명한다고 생각한다. 우리는 빠른 성공을 원했고, 그래서 냄비를 너무 자주 올렸다. 하지만 글로벌 시장에서 남는 브랜드는 대부분 용광로로 만들어진다. 오래 달구고, 끝까지 밀고, 그 과정 자체를 브랜드의 '히스토리'로 남긴다.

2000년대 초반, 한국이라는 이름이 세계에 선명해진 시점을 많은 글로벌 전문가들은 2002년 한일 월드컵 이후로 본다. 그전의 한국 이미지는 김치나 불고기 같은 음식과 한복 정도였다는 분석도 있다. 하지만 지금의 한류는 특정 분야에만 국한되지 않는다. K-팝은 문화를 선도하고, 스포츠는 세계 무대에서 존재감을 증명하고, OTT를 통해 우리의 드라마와 영화가 글로벌 차트를 장악한다. 그런데 한때 세계 4위권 섬유 수출국이던 우리의 패션은 왜 이 흐름을 온전히 이어받지 못했는가. 나는 그 이유를 '정체성의 지속성' 부족에서 찾는다.

스포츠든 가전이든 자동차든, 세계 무대에서 성공한 사례들은 공통점이 있다. 꾸준한 투자와 인재 육성, 반복되는 개선, 그리고 '한 분야에 대한 계획적인 지속'이다. 패션도 다르지 않다. 소비자의 고정 관념을 탓하기 전에, 소비자가 기꺼이 선택할 수 있는 실력과 제품력을 먼저 갖춰야 한다.

라이선스 반복이나 단기 이익 중심의 카피로는 글로벌 경쟁력을 만들기 어렵다. K-패션이 넘어야 할 허들은 결국 여기다. 단기 성과를 부정하지 않되, 단기 성과가 장기 구조를 망가뜨리지 않게 설계하는 것.

그래서 이 장의 결론은 명확하다. K-패션의 성공은 '뜨는 브랜드'가 아니라 '남는 브랜드'의 조건을 세우는 것에서 시작한다. 그 조건의 핵심은 정체성(Identity)이고, 그 정체성을 현실로 만드는 힘은 지속성(Continuity)이다. 우리는 이미 K-컬처라는 거대한 파도 위에 올라 있다. 이제 필요한 것은 그 파도를 잠깐 타고 내려오는 브랜드가 아니라, 파도가 바뀌어도 남아 있는 브랜드다. 그리고 그 브랜드는 결국 시간과 사람에 투자할 줄 아는 조직, 한 방향을 오래 밀고 갈 줄 아는 책임자, 그리고 빠른 리턴보다 긴 항로를 설계할 줄 아는 시장 구조에서 태어난다.

K-패션이 다음 단계로 가려면, 이제 질문을 바꿔야 한다.

"이번 시즌에 무엇이 뜰까?"가 아니라,

"10년 뒤에도 무엇이 남아 있을까?"로.

정체성은 말이 아니라 축적이고, 지속성은 의지가 아니라 구조다. K-패션의 성공은 그 구조를 만드는 순간부터 시작된다.

———— **핵심 키워드**

- 정체성
- 지속성
- 투자

원본 글 출처

- 2023년 9월 10일, 「K-패션 성공의 조건」
- 2022년 5월 16일, 「K-패션 정체성 확립」
- 2009년 6월 29일, 「한국발 글로벌 명품 육성할 때이다」

23

K-패션은 모방이 아니라
자기 언어로 확장된다

일본 시장은 종종 국내 시장의 '미리 보기'라고 불린다. 일본이 겪은 흐름은 몇 년의 시차를 두고 한국에서 반복되는 경우가 많다. 그래서 일본을 들여다보는 일은 단순한 해외 사례 공부가 아니라, 우리의 다음 장면을 미리 보는 일에 가깝다. 내가 도쿄에서 열린 유통·패션 워크숍에 참석했을 때도 그랬다. 일본 패션 기업과 유통 리더들이 던진 메시지는 복잡하지 않았다. 오히려 단순해서 더 무서웠다. "불황이 길어져도, 저가가 난립해도, 유통이 뒤집혀도 끝까지 남는 것은 결국 브랜드 파워다."

브랜드 파워는 단지 유명세가 아니다. 남들과 달라야 한다는 '차별화'가 시스템으로 굳어진 힘이다. 일본 시장도 SPA 공세를 피하지 못했고, '유니클로'는 혁신적인 가격과 품질로 글로벌 성공을 만들었다. 하지만 동시에 디자이너 캐릭터(DC) 브랜드들이 흔들리는 장면도 보였다. 여기서 얻는 힌트는 명확하다. 디자인 가치 없이 가격만으로 버티는 브랜드는 오래가기 어렵다. 그리고 이 메시지는 지금 한국이 빠르게 반복하고 있는 선택—'저가 경쟁'과 '할인 중심의 온라인'—에 경고처럼 겹쳐 보인다.

일본에서 들은 두 번째 키워드는 온·오프 통합, 지금 말로는 O2O였다. 흥미로운 건 '온라인이냐 오프라인이냐'를 따지는 태도 자체가 오래된 질문이라는 점이다. 고객에게는 온라인도 오프라인도 결국 하나의 플랫폼 경험이다. 그래서 필요한 것은 디지털을 '판매 지표'로만 보는 관점이 아니라, 외부 기술을 빠르게 흡수하고 상품 기획·마케팅·결제·배송까지 유기적으로 흐르게 만드는 구조 설계다. 한국의 e-커머스가 아직도 '저가 할인 판매'에 과도하게 기울어 있다는 점을 고려하면, 이 통합 역량은 단순 옵션이 아니라 생존 조건에 가깝다.

세 번째 키워드는 인재 평가 시스템이었다. 일본 기업들은 리테일 환경에 빠르게 적응했지만, 제조 기능 중심의 체질 탓에 글로벌 소싱·바잉 역량을 가진 바이어 양성은 미흡했다고 한다. 그래서 "유능한 인재가 일에 몰두할 수 있도록 공정하고 효율적인 평가 시스템이 필요하다."라는 결론으로 이어졌다. 특히 이세탄의 사례는 뼈가 있다. 전 지점 세일즈 매니저를 매년 평가해 포상과 연봉 조정을 단행했고, 이를 통해 경쟁사에서 유능한 인재를 데려올 수 있었다고 한다. 결국 브랜드 파워는 제품만이 아니라 사람의 구조에서도 결정된다.

워크숍 마지막 날, 한 강사에게 나는 물었다. "향후 일본 패션에서 가장 중요한 한 가지는 무엇인가." 돌아온 답은 이랬다. "남들과 무조건 달라야 한다." 불황이 깊어지고 악재가 닥쳐도, 패션의 핵심 키워드는 언제나 차별화라는 것이다. 이 한 문장은 결국 23장의 핵심으로 이어진다. K-패션이 살아남는 길은 '모방'이 아니라 자기 언어다. 그리고 그 자기 언어는 단지 감성 문장으로 만들어지지 않는다. 브랜드 파워, 유통 통합, 인재 시스템이라는 3가지 실전 조건 위에서만 제대로 성립한다.

여기서 '해외 진출' 이야기를 하지 않을 수 없다. 해외 진출은 성공한 브랜드만의 결과가 아니다. 이제는 성공으로 가기 위한 필수 코스에 가깝다. 나는 이 이야기를 할 때 종종 스포츠를 떠올린다. 전인지 선수가 미국 무대에 처음 출전해서 US 오픈 우승을 했을 때, 우리는 우승의 '순간'만 보지만, 그 순간은 결코 우연이 아니었다. 국내에서 검증했고, 일본이라는 국제 무대에서도 합격점을 받았던 실력자였다. 즉, 우물 안 개구리가 아니라 단계적으로 확장한 선수였다. 이 구조는 패션에도 그대로 적용된다.

국내 시장은 크지만, 세계 시장의 일부다. 국내 패션 시장이 연간 27조 원 규모로 추정된다고 해도, 글로벌 리테일 시장과 비교하면 작은 편이다. 이 작은 시장에서 유통 경쟁만으로 브랜드의 체력을 키우는 데는 한계가 있다. 그래서 해외 진출은 "가면 좋다."가 아니라 "안 가면 버티기 어렵다."에 가까워지고 있다. 다만 중요한 조건이 있다. 무작정 나가서는 안 된다. 가깝고 큰 시장이라는 이유로 섣불리 중국에 뛰어들었다가 고배를 마신 사례는 이미 너무 많다. 국가 선정, 시장 진입 방식, 확장 속도, 그리고 무엇보다 "내가 무엇으로 기억될 것인가."를 먼저 정리해야 한다.

나는 해외 진출 전략을 세 가지로 정리해 본다.

첫째, 국내에서 먼저 튼튼한 기반을 만들어야 한다. 조기 유학처럼 기초 체질이 약한 상태에서 해외에 먼저 진출하면 실패 확률이 높다. 국내 1인자를 과소평가하지 말아야 한다. 국내에서 '검증된 강점'은 해외에서도 경쟁력이 될 수 있다.

둘째, 범위를 점진적으로 넓혀야 한다. 국내 → 아시아 → 미국 → 유럽. 처음부터 메이저로 가면 좋지만, 기초가 부실한 상태에서 쌓아 올린 탑은 쉽게 무너진다. 한 시장에 과도하게 의존하면 작은 사건 하나에 매출이 크게 흔들린다.

셋째, 준비가 끝나면 과감하게 최고에 도전해야 한다. 해외 페어 참가, 현지 파트너 발굴, 테스트 리테일 등 경험을 쌓아야 하고, 중장기 플랜을 실행할 자신감이 필요하다.

결국 해외 진출은 '나가느냐 마느냐'의 문제가 아니라, 어떤 언어로 나가느냐의 문제다. 그리고 그 언어의 핵심은 디자인 정체성(Design Identity)이다. 한국 시장의 1층부터 3층까지가 해외 직수입 브랜드로 채워지고, 소비자들이 유럽 태생의 오리지널리티를 더 높게 평가하는 현실에서, 국내 브랜드가 경쟁할 수 있는 무기는 결국 '디자인으로 설명되는 자기 언어' 뿐이다.

세계적인 패션 하우스가 왜 크리에이티브 디렉터(CD)를 '핵심 권력'으로 두는지 떠올려 보면 답이 나온다. 루이뷔통이 마크 제이콥스와 결별하고 니콜라스 게스키에르에게 지휘봉을 넘긴 것도, 브랜드에 변화가 필요하다고 판단했기 때문이다. 반면 샤넬의 칼 라거펠트가 30년 넘게 지휘권을 놓지 않았던 것은, 그가 샤넬의 언어를 유지하고 진화시키는 존재였기 때문이다. 패션에서 CD는 단순히 디자인 책임자가 아니라, 기획-상품-이미지-마케팅-고객 경험을 하나의 언어로 통합하는 총감독이다.

그런데 한국 시장에서 CD 중심으로 브랜드가 운영되는 구조를 얼마나 자주 보았는가. 대기업이든 중소기업이든, CD가 '브랜드의 엔진'이 아니라 '디자인 부서의 팀장'처럼 취급되는 순간, 브랜드의 언어는 분절된다. 디자인은 따로, MD는 따로, 마케팅은 따로 움직인다. 그러면 브랜드는 커진 듯 보여도, 해외로 나가는 순간 정체성이 흔들린다. 해외 시장은 예쁘다고 사 주지 않는다. "너는 누구냐?"를 먼저 묻는다.

여기서 '소신' 이야기가 나온다. 나는 "소신이 있어야 한다."라는 말을 감성적인 자기 계발 문장으로 쓰고 싶지 않다. 소신은 감정이 아니라 전략이다. 포르쉐의 슬로건 'Change it, but do not change it'은 이 전략을 정확히 보여 준다. 방법은 바꾸되 방향은 바꾸지 말라는 말이다. 포르쉐는 외형과 감성은 유지하면서 엔진과 내장을 끊임없이 진화시켰고, SUV와 4도어 세단으로 영역을 확장하면서도 '포르쉐다움'이라는 공통분모를 유지했다. 진화와 확장을 동시에 하되, 언어는 지켰다. 이게 소신이다.

반대로 한국 패션 산업은 오랫동안 해외 트렌드를 무분별하게 반영하며 유사 제품을 경쟁하듯 내놓았고, "A 브랜드가 잘된다."라는 소문 하나에 유사한 브랜드를 런칭하며 스스로 레드오션을 만들었다. 매출 우선주의, 점유율 1위라는 잣대만 남았고, 그 환경 속에서 소신 있는 디자이너와 균형

잡힌 브랜드 매니저는 자라기 어려웠다. 좋은 것을 배우는 건 필요하다. 하지만 좋은 것이 모두 내게 맞는 것은 아니다. 선별하고, 내 장점을 진화시키는 판단력이 있어야 한다.

이 지점에서 2010년의 '신성장 동력' 이야기는 지금 읽어도 낯설지 않다. 코닥이 디지털카메라를 먼저 개발하고도 필름 시장 위축이 두려워 출시를 꺼렸던 결과, 주류에서 밀려난 사례는 변화의 본질을 보여 준다. 변화는 천천히 오는 것 같지만, 우리가 "변화가 왔다."라고 느낄 때는 이미 변화가 아니라 새로운 흐름이 되어 있다. 국내 패션도 비슷하다. 여성복은 수입 브랜드에 선두를 내준 지 오래고, 스포츠 시장도 글로벌 기업들에 밀렸고, 럭셔리 브랜드는 직진출을 서두른다. 변화에 대한 대응 방법과 전략이 부재하면 시장은 결국 '검증된 해외 브랜드' 쪽으로 더 빨리 쏠린다.

그래서 필요한 것은 단기 처방이 아니라 장기 전략이다. 해외 브랜드 수입이나 타 브랜드 인수만으로는, K-패션의 언어가 만들어지지 않는다. 장기적인 브랜드 개발, 디자이너 육성, 새로운 해외 시장 개척 등 'R&D'가 필요하다. 고객에게 '국내 브랜드니까'로 어필하는 시대는 끝나 가고 있다. 앞으로는 '왜 너여야 하는가'를 언어로 설명해야 한다. 그리고 그 언어를 세계 시장에서 통용되게 하려면, 한 번의 유행이 아니라 지속 가능한 정체성이 필요하다.

정리하자. K-패션이 확장하려면, 모방의 속도를 늦추고 자기 언어의 밀도를 올려야 한다. 일본이 던진 화두는 결국 하나로 수렴한다. 불황 속에서도 살아남는 것은 브랜드 파워이고, 브랜드 파워는 차별화에서 시작되며, 차별화는 온·오프 통합과 사람의 구조 위에서만 지속된다. 해외 진출도 같은 원리다. '나갔다'가 중요한 게 아니라, '내 언어로 나갔는가'가 중요하다. 디자인 정체성을 중심에 두고, CD를 브랜드의 엔진으로 세우고, 방법은 바꾸되 방향은 바꾸지 않는 소신으로 확장해야 한다.

K-패션의 다음 단계는 더 멋진 카피가 아니라, 더 단단한 문법이다. 모방은 빠르지만, 자기 언어는 오래 남는다.

그리고 오래 남는 것만이 결국 세계로 확장될 것이다.

─────── **핵심 키워드**

- 차별화
- 디자인 정체성
- 확장 전략

원본 글 출처

- 2015년 10월 5일, 「일본 패션의 오늘이 던지는 화두」
- 2015년 7월 17일, 「해외 진출은 선택이 아닌 필수다」
- 2014년 10월 20일, 「결국 답은 디자인이다」
- 2013년 10월 10일, 「소신 갖고 장기 전략 세울 때다」
- 2010년 3월 5일, 「신성장 동력의 필요성」

24

브랜딩은 '발상의 전환'에서 판이 바뀐다

해상 부유식 첨단 산업 단지 네옴 시티 옥사곤

새해가 오면 우리는 늘 같은 문장을 꺼낸다. "올해는 좀 달라져야지." 그런데 이상하게도, 달라지겠다는 마음은 매년 새로워도 판은 좀처럼 바뀌지 않는다. 이유는 단순하다. 우리는 보통 '방법'을 바꾸려 하고, 정작 '질문'을 바꾸지 않기 때문이다. 브랜딩에서 말하는 '발상의 전환'은 멋있는 아이디어가 아니다. 브랜드가 세상을 보는 프레임을 갈아 끼우는 일이다. 질문이 바뀌면 기준이 바뀌고, 기준이 바뀌면 운영이 바뀌고, 운영이 바뀌면 결국 성과의 구조가 바뀐다.

나는 그 프레임 교체를 가장 극적으로 보여 주는 장면을 사우디아라비아에서 봤다. 2022년 11월, 한국을 찾은 빈 살만 왕세자는 '미스터 에브리띵'이라는 별명으로 불릴 만큼 엄청난 재산과 권력을 가진 인물로 알려져 있다. 하지만 세계의 관심은 그의 재산에 있지 않았다. 더 중요한 건 그가 2016년 발표한 '비전 2030'의 선언이었다. "이제 오일 장사는 끝났다." 석유로 먹고살던 나라가 석유 이후를 준비한다는 말은 단순한 '계획'이 아니라 사고의 방향 전환이다. 그리고 그 사고의 전환이 눈에 보이는 형태로 구현된 것이 '네옴 시티 프로젝트'다. 서울 면적의 44배에 해당하는 초대형 스마트 신도시, 700조가 투입되는 설계. 주거·관광·산업이 결합된 친환경 스마트 미래 도시라는 설명은 화려하지만, 결국 핵심은 두 가지다. 새로운 성장 동력과 디지털화. 즉, "무엇으로 돈을 벌 것인가."와 "그 돈을 버는 방식을 어떻게 바꿀 것인가."를 동시에 뒤집은 것이다.

이 장면이 왜 패션과 연결되는가. 지금 국내 패션 시장도 비슷한 갈림길에 서 있기 때문이다. 코로나 3년을 지나오며 수입과 스포츠를 제외한 많은 영역이 정체를 겪었고, 거의 모든 기업이 '디지털 전환'을 이야기하게 되었다. 그런데 여기서 함정이 생긴다. 많은 조직이 'DX'를 말하면서도 실제로는 온라인 매출 강화 정도로 축소해 버린다. 디지털은 목표가 아니다. 디지털은 도구다. 도구를 늘리는 것만으로 판이 바뀌진 않는다. 판이 바뀌는 건, 도구를 쓰는 운영 철학이 바뀔 때다.

그래서 최근 글로벌 리포트들이 공통적으로 말하는 성장 전략의 키워드가 의미가 있다. 매켄지나 BoF 등은 앞으로의 성장에 있어 필수 요소를 반복해서 제시한다. 요지는 복잡하지 않다. 첫째는 브랜드 운영 전략의 변화, 둘째는 프론트 엔드 차원의 디지털 전환(DX), 셋째는 인재 등용 방식의 전환이다. 얼핏 보면 '요즘 기업들이 다 하는 얘기'처럼 들릴 수 있다. 하지만 이 세 가지를 제대로 묶어 보면 하나의 결론으로 수렴한다. 이제 브랜드는 시즌 감각으로 굴러가지 않고, 시스템으로 굴러가야 한다는 것이다.

운영 전략의 변화라는 말은 결국, 패션이 오랫동안 의지해 온 '연도/시즌 중심의 사전 기획 프레임'을 다시 생각하라는 뜻이다. 소비자의 니즈는 더 이상 대중적으로 움직이지 않고, 기후 변화 같은 변수는 기획의 전제를 흔든다. 그래서 지금 필요한 건 "이번 시즌에 뭐가 뜰까."보다 "제품이 시장에서 어떤 생애를 살까."를 설계하는 관점이다. 이때 거론되는 것이 PLM(Product Lifecycle Management)이다. 디자인부터 제조, 판매, 서비스, 폐기까지 제품의 수명 주기를 관리하는 디지털 솔루션. 쉽게 말해, 재고와 수요의 문제를 '현장'에서만 보지 말고 '기획'에서부터 관리하라는 얘기다. 많은 브랜드가 재고를 창고의 문제로 생각하지만, 실제로 재고의 상당수는 이미 기획 단계에서 결정된다. 이 관점을 받아들이는 순간, 브랜딩은 '감'이 아니라 '운영'으로 재정의된다.

PLM 개발 센트릭 소프트웨어

여기서 두 번째 축, 프론트 엔드의 DX가 연결된다. 이제 오프라인과 온라인을 나누는 것이 무의미해졌다는 말은, 단순히 채널이 많아졌다는 뜻이 아니다. 고객은 플랫폼을 따로 기억하지 않는다. 고객은 브랜드를 경험으로 기억한다. 그래서 DX의 핵심은 "온라인을 강화하자."가 아니라 "고객 경험의 흐름이 끊기지 않게 만들자."다. 그 흐름을 얼마나 매끄럽게 설계하느냐가 브랜드의 경쟁력을 가른다. 매장 하나 없이 자사 몰에서 한 아이템만 판매하며 급성장한 마이크로 브랜드 사례가 상징적으로 거론되는 이유도 여기 있다. 그들은 '온라인'이 강한 것이 아니라, 고객 접점의 흐름을 설계하는 능력이 강했던 것이다.

그리고 이 흐름을 실제로 굴리는 힘이 세 번째 축, 인재 등용이다. 과거의 대기업 공채나 전통적 경력 채용만으로는 변화 속도를 따라가기 어렵다. 필요한 역량을 더 투명한 과정으로 찾고, 분야와 영역을 넘나드는 방식으로 고용해야 한다는 조언은 결국 한 문장으로 번역된다. 브랜드는 이제 '조직의 틀'이 아니라 '역량의 연결'로 움직여야 한다. 나는 이런 방식을 '와이파이 인사'라고 부른다. 선으로 연결된 조직이 아니라, 필요할 때 필요한 역량이 연결되는 조직. 디지털 전환은 기술의 문제가 아니라 사람의 문제로 귀결되는 이유가 여기 있다.

여기까지 오면, "좋은 말인데 우리 현실에서 가능한가?"라는 질문이 나온다. 그래서 나는 한 번 더 시간을 되돌려 2016년을 꺼내 본다. 개성 공단 폐쇄 조치 이후 값싼 노동력을 찾아 북한에 진출한 국내 패션 제조업체들이 큰 타격을 받았다. 그때 업계의 논쟁은 늘 그렇듯 두 갈래로 갈렸다. 더 싼 노동력과 원재료를 찾아 제3국으로 가야 한다는 주장, 그리고 근본적 혁신이 필요하다는 주장. 그런데 이 논쟁에서 중요한 건 '어디로 갈 것인가'가 아니라, '무엇을 혁신으로 정의할 것인가'다. 혁신의 정의를 바꾸지 않으면, 장소를 바꿔도 결국 같은 문제로 돌아온다.

당시 케임브리지대 경영대학원의 연구가 소개했던 '검소한 혁신'은 그래서 의미가 있었다. 대규모 R&D 비용을 줄이고 연결&개발(Connect&Development)로 저성장을 돌파하자는 메시지. 이를 상징적으로 보여 준 사례로 샤오미가 거론됐다. 소비자가 가장 많이 쓰는 핵심 기능에 집중하고, 대다수가 거의 쓰지 않는 기능에 비용을 쏟지 않으며, 가격을 확 낮추는 구조. 이 이야기를 패션에 적용하면 결론은 이렇다. 혁신은 '더 많이'가 아니라 '더 정확하게'다. 우리 브랜드 고객이 무엇을 '가장 중요하게' 느끼는지 정의하고, 그 핵심에 역량을 집중하는 것. 이게 발상의 전환이다.

하지만 여기서 또 하나의 함정이 있다. "싸고 질 좋게 만들자."로 결론이 끝나면 안 된다. 싸게 만드는 경쟁에만 들어가면, 브랜드가 힘겹게 쌓아온 고가 이미지나 기술적 신뢰를 스스로 훼손할 수 있다. 그래서 국내 기업들에게 필요한 혁신은 단순히 원가의 문제가 아니라 브랜드 구조 전체를 다시 설계하는 일이다. 결국 전문가들이 지적하는 혁신의 축은 크게 세 가지로 요약된다. 첫째는 디자인 혁신, 둘째는 생산 혁신, 셋째는 유통 혁신이다.

디자인 혁신은 "해외 디자이너를 데려오자." 같은 단순 처방이 아니다. 핵심은 우리 브랜드의 언어를 새로 조합할 능력을 갖추는 것이다. 생산 혁신도 마찬가지다. 무조건 싼 곳을 찾는 게 답이 아니라, 해당 분야에 전문성이 있는 지역과 파트너를 찾아 제품 혁신이 가능하게 해야 한다. 마지막으로 유통 혁신은 더 날카롭다. 백화점·면세점·아울렛·온라인·홈쇼핑·가두점 등 모든 유통에서 같은 제품을 같은 논리로 판매하는 방식은 결국 고객의 신뢰를 무너뜨릴 수 있다. 하나의 브랜드로 가격 차이가 극단적으로 다른 시장을 동시에 겨냥하면 브랜드의 언어가 분열되고, 언어가 분열되면 정체성이 흔들린다. 브랜딩의 지속성은 감각이 아니라 채널별 역할을 정교하게 설계하는 운영력에서 나온다.

결국 이 장에서 말하고 싶은 건 하나다. 브랜딩에서 '발상의 전환'은 아이디어가 아니라 운영의 전제를 바꾸는 일이다. 네옴 시티가 도시를 짓는 프로젝트가 아니라 '오일 이후를 설계하는 프로젝트'인 것처럼, 브랜드도 '제품을 만드는 조직'이 아니라 '경험과 구조를 운영하는 시스템'으로 전환해야 한다. PLM은 제품의 생애를 설계하라는 메시지고, DX는 고객 경험을 통합하라는 메시지고, 인재 전환은 그 구조를 굴릴 사람을 새 방식으로 연결하라는 메시지다. 그리고 검소한 혁신은 '더 많은 기능'이 아니라 '핵심 집중'으로 경쟁하라는 메시지다.

그래서 새해의 시작에 필요한 건 결심이 아니라 질문이다.

"올해는 온라인을 강화하자."가 아니라,

"우리는 무엇으로 기억될 것인가."

"그 기억을 지속시키려면 운영은 무엇을 바꿔야 하는가."

질문을 바꾸는 순간, 브랜드의 판이 바뀐다. 브랜딩은 멋이 아니라 지속이고, 지속은 감이 아니라 설계다. 그리고 설계의 시작은 언제나 발상의 전환이다.

──────── **핵심 키워드**

- 질문 전환
- 운영 시스템(PLM/DX)
- 연결 혁신(C&D)

원본 글 출처

- 2022년 12월 26일, 「새해의 시작은 발상의 전환으로부터」
- 2016년 3월 4일, 「패션에도 창조적 혁신이 필요하다」

25

위기 속에서도 무너지지 않는
브랜드 철학 세우기

브랜드 스토리는 '멋'이 아니라 '철학'이다

디올

매출이 좋을 때는 브랜드의 진짜 얼굴이 잘 보이지 않는다. 광고도 잘 먹히고, 협업도 화제가 되고, "우리 브랜드는 감성이 있다."라는 말이 그럴듯하게 들린다. 그런데 시장이 흔들리는 순간—환율이 오르고, 수요가 꺾이고, 유통의 룰이 바뀌고, 고객이 냉정해지는 순간—브랜드는 갑자기 하나의 질문을 받는다.

"그래서 당신은 누구인가."

이 질문에 답할 수 있는 브랜드는 생각보다 많지 않다. 로고와 제품은 빠르게 만들 수 있지만, 브랜드가 '브랜드'로 남는 시간은 그렇게 짧지 않기 때문이다. 브랜딩은 결국 시간의 누적이고, 그 시간은 위기에서 시험대에 오른다. 그래서 나는 브랜드 철학을 이렇게 정의하고 싶다.

브랜드 스토리를 '운영 가능한 기준'으로 번역해 낸 것.

스토리가 슬로건이라면, 철학은 "그래서 우리는 이렇게 운영한다."라는 실행의 기준이다. 위기에서 무너지지 않는 브랜드는 스토리를 '멋'으로 소비하지 않고 '기준'으로 굳힌다.

브랜드가 허상처럼 보이는 순간이 있다. 숫자가 올라가고, 매장이 늘고, 가격이 오르는데도 어딘가 불안한 때다. 그 불안은 대개 고객이 먼저 감지한다. 최근 몇 년간 어떤 명품 브랜드들은 잦은 가격 인상으로 위상을 끌어올리려 했다. 겉으로는 "하이엔드로 올라간다."라는 전략처럼 보이지만, 시장은 곧 다른 방식으로 반응한다. "정가로 사면 시세 차익이 난다."라는 기대가 생기고, 브랜드는 고객이 아니라 리셀러의 타깃이 되기 시작한다.

그 순간부터 균열이 시작된다. 기존 고객은 매장에서 불필요한 의심을 경험하고, 신규 고객은 진입 장벽 앞에서 발걸음을 멈춘다. 숫자는 유지되거나 오를지 몰라도, 신뢰는 조용히 빠져나간다. 위기는 매출이 떨어져서가 아니라 신뢰가 빠져나가서 온다.

그래서 브랜드는 허상이 아니다. 브랜드는 고객이 매일 내리는 판결이다. 한번 외면받으면 되돌리기 어렵다. 자동차 업계에서 판매 확대에만 몰두하다가 A/S와 서비스로 고객의 등을 돌리게 만든 사례들이 그걸 증명한다. 업종이 달라도 원리는 같다. 고객 경험이 무너지면 브랜드도 무너진다.

　그렇다면 위기에서 강한 브랜드는 무엇이 다른가. 결론부터 말하면, 철학이 '말'에 머물지 않고 '운영'으로 내려온 브랜드다. 그리고 그 철학은 결국 정체성과 지속성으로 증명된다.

　크리스챤 디올을 보자. 럭셔리 브랜드들의 실적이 좋았던 시기에 디올은 유독 두드러진 성과를 냈다. 이를 단지 "환경이 좋았다."로만 설명하기는 어렵다. 디올이 성수에 선보인 플래그십 공간은 단순한 매장이 아니라, "우리가 어떤 세계를 지키는가."를 보여 주는 선언에 가깝다. 브랜드는 위기에서 비용을 줄이는 것으로만 살아남지 않는다. 오히려 정체성에 대한 투자를 멈추지 않는 방식으로 살아남는다. 정체성은 문장으로 유지되지 않는다. 정체성은 시간과 자본이 누적된 결과로 유지된다. 그게 디올이 보여 준 메시지다.

버버리

　버버리는 또 다른 방향의 교훈을 준다. "올드하다."라는 고정 관념을 가진 브랜드가 젊어지는 과정은 매우 어렵다. 자칫하면 근본을 잃고, 자칫하면 변화에 실패한다. 버버리는 프리미엄 라인을 만들고, 크리에이티브 리더십을 세우고, 이미지를 쇄신하는 작업을 단발성 이벤트가 아니라 장기 프로젝트로 밀어붙였다. 핵심은 "한 번 바꿨다."가 아니라 "오랫동안 같은 방향으로 다듬었다."라는 점이다. 철학이 있으면 변화는 흔들림이 아니라 진화가 된다. 그 진화가 축적될수록 고객은 더 이상 '새로워 보여서'가 아니라 '일관되게 지켜서' 선택한다.

FILA

여기서 많은 사람들이 이렇게 말한다. "그건 원래 헤리티지가 있는 브랜드니까 가능한 거 아니냐." 그런데 정체성은 출생이 아니라 운영으로 회복되기도 한다. 휠라는 그 통념을 깨는 사례다. 이탈리아 태생의 100년 브랜드였던 휠라가 위기에 빠졌을 때, 국내 조직은 이를 인수한 뒤 단순히 '국내에서만 잘 팔기'로 끝내지 않았다. 글로벌 브랜드로 다시 인정받기 위해, 상징성이 큰 시장에 재투자를 걸었다. 이건 감정이 아니라 기준이다.

"우리는 글로벌 브랜드로 복귀한다."

이 기준이 세워지는 순간, 투자 우선순위·제품 전략·유통 전략·마케팅 언어가 한 방향으로 정렬된다. 정체성은 그렇게 회복된다. 정체성은 출신이 아니라 전략의 지속성이다.

브랜드 스토리텔링을 말하는 이유도 여기에 있다. 많은 브랜드가 스토리를 이야기하지만, 위기에서 그 스토리가 브랜드를 살리지 못하는 경우가 많다. 이유는 단순하다. 스토리가 운영 기준으로 번역되지 않았기 때문이다. 스토리는 "우리는 이런 브랜드입니다."라는 소개다. 철학은 "그래서 우리는 이렇게 운영합니다."라는 규칙이다.

무엇을 만들고, 어떤 고객 경험을 지키고, 어떤 가격 정책을 취하고, 어떤 유통을 선택하고 무엇을 포기하며, 어떤 인재를 세우고 어떤 기준으로 평가할 것인가. 이 질문에 대한 답이 있어야 스토리는 철학이 된다. 철학 없는 스토리는 위기에서 장식품이 된다.

정체성을 설명할 때, 나는 공항 이름을 떠올리곤 한다. 뉴욕의 관문은 존 F. 케네디, 파리는 샤를 드골. 국가가 자국의 역사적 인물을 관문에 새겨 넣었다. 그 이름은 단지 '명칭'이 아니라, "우리는 누구인가."를 매번 상기시키는 장치다. 반면 우리는 지역 이름을 붙이는 경우가 많다. 실용적이지만 서사는 약해지기 쉽다.

이 비유의 핵심은 하나다. 정체성은 한 번의 선언이 아니라 반복되는 설계다. 럭셔리 브랜드가 설립자나 디자이너 이름을 정체성의 중심에 두는 것도 같은 이유다. 이름 하나가 철학이 되고, 그 철학이 반복되는 구조를 만들기 때문이다. 고객은 그 반복 속에서 신뢰를 학습한다.

결국 위기에서 브랜드를 살리는 것은 선택지가 아니라 기준이다. 정체성이 있어야 성장하고, 성장은 지속성이 보장되어야만 가능하다. 그리고 지속성은 의지로 버티는 게 아니라, 투자와 운영의 일관성으로 지켜진다. 위기 속에서도 무너지지 않는 브랜드 철학은 거창한 말이 아니다.

"그래도 우리는 이것은 지킨다."

이 한 문장을 말할 수 있는 기준, 그리고 그 기준을 실제 운영으로 반복하는 힘. 디올은 투자로, 버버리는 장기 쇄신으로, 휠라는 전략적 재도약으로 그 힘을 증명했다.

브랜드는 허상이 아니다. 브랜드는 고객이 매일 평가하는 현실이다. 그래서 위기에서 브랜드를 지키는 가장 확실한 방법은 스토리를 더 꾸미는 것이 아니라, 스토리를 철학으로 만들고, 철학을 운영으로 내리는 것이다. 그때 비로소 브랜드는 흔들려도 무너지지 않는다.

────── **핵심 키워드**

- 정체성
- 지속성
- 운영 기준

원본 글 출처

- 2022년 3월 14일, 「브랜드는 허상이 아니다」
- 2022년 7월 5일, 「브랜드 정체성의 전제는 지속성이다」

26

아카데미에서 패션을 배운다

패션은 옷으로 말하지만, 결국은 철학으로 남는다. 그 사실을 가장 극적으로 보여 주는 무대가 있다. 바로 아카데미 시상식이다. 레드 카펫은 단순한 '드레스 전시장'이 아니다. 매년 전 세계가 그 장면을 지켜보는 이유는, 그곳에서 '한 사람의 미학과 태도와 세계관'이 가장 농축된 형태로 드러나기 때문이다. 옷은 얇은 천이지만, 어떤 사람에게는 신념이 된다.

2020년 2월 9일, 「기생충」이 아카데미 시상식에서 작품상·감독상·국제장편영화상·각본상까지 휩쓴 사건은 한국 대중문화의 역사를 다시 쓰는 장면이었다. 하지만 내가 더 오래 붙잡고 싶었던 포인트는 "상을 받았다."라는 결과가 아니라, "어떻게 그런 결과가 가능했나."라는 질문이다. 세계 평론가들은 봉준호 감독의 작품을 두고 "하나의 장르를 개척했다." "장면의 디테일이 지나치게 섬세하다."라고 말하며 '봉테일'이라는 별칭까지 붙였다. 그 말은 곧 철학이 디테일로 내려왔다는 증거다. 한 장면, 한 컷, 한 호흡에 세계관이 스며들면 작품은 '유행'이 아니라 '기준'이 된다.

패션도 마찬가지다. 브랜드는 만들 수 있지만 브랜딩은 오래 걸린다. 왜냐하면 브랜딩은 '예쁜 것'을 쌓는 일이 아니라, '의미 있는 것'을 축적하는 일이기 때문이다. 그리고 의미를 축적한다는 건, 내 안의 기준이 분명하다는 뜻이다. 아카데미는 바로 그 기준의 경쟁장이기도 하다. 배우들은 드레스를 입지만, 사실은 자신의 태도를 입고 나온다.

오드리 헵번이 1954년 여우주연상을 받던 해에 입었던 Givenchy 드레스가 시간이 흘러도 가치로 남는 이유는 단순히 아름다워서가 아니다. 그 옷이 한 배우의 이미지와 시대의 상징이 되었기 때문이다. 2017년 엠마 스톤이 골드 드레스로 화제가 되었던 것도 같은 맥락이다. 사람들은 옷을 보며 단지 '예쁘다'를 말하는 게 아니라, '이 사람이 오늘 밤 어떤 서사를 쓰는지'를 읽어 낸다. 레드 카펫이 흥미로운 이유는, 그곳에서 패션이 가장 빠르고 정확하게 상징으로 변환되기 때문이다.

그 상징의 힘을 가장 영리하게 보여 준 사례가 나탈리 포트먼이다. 그는 아카데미 시상식에서 감독상 후보에 오르지 못했던 여성 감독들의 이름을 자수로 새겨 망토처럼 걸치고 등장했다. 그 옷은 '화려한 드레스'가 아니었다. 메시지였고 선언이었고, 작은 항의이자 큰 존중이었다. 이 장면이 중요한 이유는 단 하나다. 패션이 '치장'의 언어에 머무르지 않고, "나는 무엇을 믿는가."를 말하는 순간, 그것은 곧 브랜드가 된다. 철학 없는 옷은 사진으로 끝나지만, 철학이 있는 옷은 이야기로 남는다.

그리고 여기서 내가 좋아하는 Paul Smith의 문장이 다시 떠오른다. 그는 "패션 잡지를 보지 않는다."라고 말했다. 다른 사람이 뭘 하고 있는지 보는 걸로 머릿속을 혼란스럽게 만들고 싶지 않다고 했다. 이 말이 오해받는 지점이 있다. '고집'처럼 들릴 수 있다. 하지만 실은 정반대다. 그가 지키려는 건 고집이 아니라 기준이다. 트렌드를 모르면 뒤처지는 게 아니라, 기준이 없으면 휩쓸린다. 기준이 있으면 유행을 재료로 쓰지만, 기준이 없으면 유행의 소비자가 된다. 아카데미가 우리에게 보여 주는 건 바로 이것이다. '대중이 좋아하는 것'보다 '내가 끝까지 책임질 수 있는 것'이 강하다는 사실이다.

더 이상 옷만 잘 만들면 되는 시대가 아니다. 제품력은 기본이고, 세계관은 선택이 아니라 생존이다. 한 브랜드가 오래 살아남으려면 '컨셉'이 아니라 '철학'이 필요하다. 철학이 없는 브랜드는 매 시즌 새로 말해야 한다. 하지만 철학이 있는 브랜드는 매 시즌 더 깊어질 수 있다. 그래서 아카데미 시상식의 레드 카펫은 패션업계에 이렇게 말하는 것 같다.

"멋있게 보이려고 하지 말고, 왜 멋이어야 하는지부터 정하라."

그게 철학이고, 그 철학이 결국 브랜드를 만든다.

——————— 핵심 키워드

- 세계관
- 상징
- 철학

원본 글 출처

- 2020년 3월 9일, 「아카데미 시상식으로 바라본 패션 철학」

27

AI 시대의 브랜드 운영: 3P·MIT를 다시 짜라

브랜드 운영의 판이 바뀌는 순간은 늘 비슷하다. 소비자 취향이 바뀌어서가 아니라, 시장이 움직이는 규칙이 바뀌기 때문이다. 코로나는 그 변화를 가속한 사건이었고, AI는 그 변화를 '상시화'시키는 기술이다. 이제 패션 기업이 예전처럼 '많이 만들고, 넓게 깔고, 할인으로 털어 내는' 방식으로 버티기 어렵다는 사실은 누구나 체감한다. 중요한 건 한 가지다. 기획과 운영을 동시에 다시 설계해야 한다. 이 장에서는 그 설계를 두 축으로 정리한다.

첫째는 브랜드가 무엇에 집중해야 하는지에 대한 3P(사람·자부심·상품), 둘째는 무엇을 어떻게 만들고 굴릴지에 대한 MIT(소재·아이템·시간)다. AI 시대의 핵심은 이 두 프레임을 따로가 아니라 하나의 운영 체계로 묶어 돌리는 데 있다.

먼저 MIT부터 보자. MIT는 단순한 트렌드 용어가 아니다. 공급망이 흔들리고 고객의 선택 기준이 세분화될수록, 브랜드는 더 이상 '라인업 확장'으로 해답을 찾을 수 없다. 오히려 소재(Material), 아이템(Item), 시간

(Time) 세 가지를 어떻게 컨트롤하느냐가 경쟁력이 된다.

Material은 '원가'의 문제가 아니라 '방향'의 문제다. 새로운 소재 개발이나 대체 소재 확보는 환경과 지속 가능성의 이슈로만 보이기 쉽지만, 실제로는 기획 자유도와 생산 안정성을 좌우한다. 코로나 시기에 한 의료용 면봉 회사가 시장의 주목을 받은 사건은 상징적이었다. 글로벌 강자가 수출을 멈추자, 준비된 기술과 소재로 대안을 만든 기업이 기회를 잡았다. 패션도 마찬가지다. AI가 수요를 예측해도, 원재료·부자재·공정이 막히면 예측은 '보고서'로 끝난다. 그래서 AI 시대의 소재 전략은 단순히 친환경 소재를 추가하는 수준이 아니라, 브랜드가 지속적으로 운영될 수 있는 소재 포트폴리오를 구축하는 일이다. "이 소재로 무엇을 만들 것인가."보다 먼저 "이 소재로 얼마나 안정적으로 반복할 수 있는가."를 따져야 한다.

Item은 '많이'가 아니라 '정확히'의 싸움으로 바뀐다. 예전에는 스타일 수를 늘린 뒤 그중 몇 개가 히트하면 성공으로 여겼다. 하지만 지금은 생산·재고·유통 채널이 복잡해졌고, 소비자의 반응 속도는 더 빨라졌다. 수십, 수백 스타일을 찍는 방식은 AI가 보기에도 비효율이다. AI가 가장 잘하는 건 '패턴'의 발견인데, 브랜드가 그 패턴을 실행으로 연결하려면 결국 하나의 아이템을 스타로 키울 수 있는 기획력이 필요하다. '레깅스 하나로 성장한 브랜드', '티셔츠 한 아이템으로 매출을 만든 매장' 사례가 반복해서 등장하는 이유가 여기에 있다. 한 아이템이 브랜드의 언어가 되면, 그다음부터는 확장이 쉬워진다. 반대로 아이템이 흩어져 있으면 브랜드는 '설명 비용'만 커진다. AI 시대의 상품 기획은 '다품종'이 아니라 핵심 아이템을 중심으로 한 모듈형 라인업이 답이다.

Time은 속도가 아니라 리스크 대응력이다. 많은 사람들이 시간 경쟁을 '빠른 출시'로 오해한다. 하지만 진짜 시간 경쟁은 '어떤 시장에서, 어떤 채널로, 어떤 타이밍에' 움직일지를 통제하는 능력이다. 코로나 때 면세점이 가장 큰 타격을 받았던 것은 매출이 줄어서가 아니라, 사전 면세라는 구조가 시간 리스크에 취약했기 때문이다. 이 경험은 패션 전반에 경고를 준다.

시간은 판매 타이밍뿐만 아니라 생산 리드 타임, 물류, 결제, 재고 회전까지 포함한다. AI는 여기서 강력해진다. 수요 예측·리오더 타이밍·채널별 반응을 데이터로 정리해 주기 때문이다. 하지만 AI를 도입했다고 시간이 해결되는 건 아니다. 브랜드가 스스로 묻고 답해야 한다. "우리는 어떤 제품으로, 어떤 채널에서, 어떤 회전 속도를 목표로 운영할 것인가." 이 질문에 대한 답이 서야 AI는 도구가 되고, 답이 없으면 AI는 장식이 된다.

MIT가 '무엇을 어떻게 만들고 굴릴지'라면, 3P는 '그 운영을 누가 어떤 태도로 실행할지'다. AI 시대가 되면 사람의 역할이 줄어든다고들 말하지만 현실은 반대다. 자동화가 늘수록 브랜드의 성패는 사람의 판단력과 문화의 결에서 갈린다. 그래서 3P의 재정의가 필요하다.

첫 번째 People은 인재의 숫자가 아니라 흐름을 읽고 결정을 내리는 리더의 질이다. 시장을 바꾸는 건 종종 기술이 아니라 '한 사람의 감각'이다. 히트 콘텐츠를 만든 기획자가 조직을 옮긴 뒤 빠르게 성과를 낸 사례가 반복되는 것도 그 때문이다. AI 시대의 인재는 '데이터를 읽는 사람'이 아니라, 데이터를 의사 결정으로 바꾸는 사람이다. 그리고 그 사람은 특정 부서에만 있어서는 안 된다. 상품 기획·생산·유통·마케팅이 같은 언어로 움직이도록 연결하는 사람이 핵심이다.

두 번째 Pride는 브랜드가 내부에서부터 '왜 이 일을 하는지'를 설명할 수 있는 힘이다. 기술이 발달할수록 복제는 쉬워진다. 결국 차이를 만드는 건 내부 문화와 자부심이다. 스포츠 구단 우승 이후 선수들이 자발적으로 기업 캐릭터를 활용해 브랜드를 확산시킨 사례처럼, 구성원이 '회사 이야기'를 자기 이야기로 만들 때 시장은 그 진정성을 감지한다. AI 시대의 프리미엄은 단지 소재나 가격이 아니라 브랜드가 가진 확신의 농도에서 나온다. 자부심 없는 조직은 데이터가 많아도 흔들리고, 자부심 있는 조직은 데이터가 부족해도 끝까지 밀고 나간다.

세 번째 Product는 '똑똑한 상품'이다. 여기서 똑똑하다는 것은 기능이 많다는 뜻이 아니다. 고객이 진짜 원하는 핵심을 정확히 짚고, 그것을 생산과 판매 과정에서 검증하며, 다시 확장 가능한 구조로 발전시켜 나가는 힘을 말한다. 매년 수백 개의 상품을 개발해도 히트가 보장되지 않는 이유는 분명하다. 승부를 가르는 것은 숫자가 아니라 선택과 집중이기 때문이다. 오랫동안 수익을 만들어 내는 한 곡의 캐럴처럼, 시장이 반복해서 선택하는 제품은 대체로 구조는 단순하고 메시지는 선명하다. AI는 바로 이런 반복 선택의 패턴을 찾아내는 데 강하다. 그러나 마지막 순간에 "이걸로 간다."라고 결정하는 것은 결국 브랜드의 철학과 리더의 판단이다.

AI 시대의 브랜드 운영은 더 이상 '감'과 '열심'으로 버티는 게임이 아니다. MIT로 기획의 뼈대를 다시 세우고, 3P로 운영의 엔진을 재조립해야 한다. 소재는 포트폴리오로, 아이템은 스타 중심으로, 시간은 리스크 관리로. 그리고 사람은 의사 결정력으로, 자부심은 문화로, 상품은 반복 선택 구조로. 이렇게 설계된 브랜드만이 예측 불가능한 변화 속에서도 흔들리지 않는다.

패션은 결코 사라지지 않는다. 다만, 살아남는 방식이 바뀔 뿐이다. 이제는 '많이 만들어 파는 브랜드'가 아니라, 정확히 설계하고 지속적으로 운영하는 브랜드가 남는다. 그게 AI 시대의 본질이다.

─────── **핵심 키워드**

- MIT(소재·아이템·시간)
- 3P(사람·자부심·상품)
- 운영 재설계

원본 글 출처

- 2020년 12월 25일, 「새로운 3P 전략이 필요하다」
- 2020년 5월 11일, 「앞으로 우리는 M.I.T.를 고민해야 한다」

28

유통에서 전통(Heritage)은 밥통이 아니라 선택지이다

"전통이 있으니 유통은 알아서 풀린다."

이 믿음이야말로 요즘 리테일 현장에서 가장 위험한 착각이다. 전통 (Heritage)은 입점의 '명분'이 될 수는 있어도, 매출의 '자동 발생 장치'는 아니다. 더 정확히 말하면, 전통은 선택지 중 하나로 내려왔다. 고객은 전통을 존중하지만, 전통 때문에 불편을 감수하거나 비효율을 받아들이지는 않는다.

그래서 지금 유통의 본질은 단순해졌다. '어디에 서느냐'가 아니라 '어떻게 움직이느냐'다. 리테일의 승패는 더 이상 '좋은 자리(전통 채널)'에 앉아 있는지로 갈리지 않는다. 채널 포트폴리오를 어떻게 짜고, 어떤 우물을 더 깊게/새로 파며, 무엇을 과감히 포기하느냐에서 갈린다.

우물은 하나가 아니라, '업데이트'되어야 한다

예전의 "한 우물만 파라."라는 조언은, 시장의 변수와 속도가 지금보다 훨씬 느릴 때는 유효했다. 하지만 지금은 변수가 너무 많고 바뀌는 주기가 너무 짧다. 그래서 리테일에서의 '한 우물'은 더 이상 한 채널이 아니다.

한 우물 = 한 가지 유통 모델(한 가지 고객 획득 방식)로 정의되는 순간, 그 브랜드는 다음 충격파에 취약해진다.

실제로 변화 속도는 데이터로도 확인된다. 국내 온라인 쇼핑 거래액은 월 단위로 20조 원대를 넘나들며 움직이고, 모바일 비중은 75% 안팎까지 올라왔다(예: 2024년 11월 온라인 쇼핑 거래액 21.2조 원, 모바일 비중 75.1%).

이 숫자가 말하는 건 단순한 "온라인이 커졌다."가 아니다. 고객의 구매 습관(탐색-비교-결제-재구매)이 모바일 중심으로 고착화되고 있다는 뜻이다. 즉, 오프라인의 전통이 강해도 고객의 손안에서 이미 승부가 시작되고 끝난다.

'미래 유통 로드맵'은 매장 확장이 아니라, 매장 운영의 재설계다

2019년쯤만 해도 업계는 '점포 구조 조정이 끝나면 내년에는 실적이 개선될 것' 같은 낙관적 시나리오를 자주 들었다. 하지만 2020년대에 들어 유통은 회복 국면이 아니라 구조 전환 국면으로 더 명확히 이동했다.

백화점은 프리미엄/명품/VIP 중심으로 버티고, 나머지 카테고리는 면적이 줄거나 편집형으로 바뀌며, 온라인은 할인만이 아니라 전문화(전문 몰 성장), 카테고리 확장(식품·서비스), 속도 경쟁으로 진화했다.

이때 브랜드가 해야 할 질문은 하나다.

"우리 브랜드는 확장이 답인가, 아니면 신장·효율이 답인가."

과거에는 점포 수가 성장의 증거였지만, 지금은 같은 점포를 어떻게 '다르게' 운영하느냐가 성장의 증거다.

- 채널별 가격·상품·프로모션을 분리하지 않으면(=모든 채널에 같은 물건, 같은 메시지) 고객은 가격의 일관성이 아니라 브랜드의 무원칙을 본다.
- 오프라인은 더 이상 '판매 장소'가 아니라 콘텐츠/체험/신뢰의 장치가 되어야 한다. 그렇지 않으면 모바일 장바구니를 이길 방법이 없다.

전통 채널의 '밥통 신화'가 깨진 이유: 면세점이 보여 준 교훈

전통 채널을 밥통으로 믿게 만드는 대표 사례가 한때의 면세점이었다. 하지만 면세점은 오히려 "전통 채널 의존이 얼마나 위험한가."를 가장 극적으로 보여 줬다. 팬데믹 이후 한국 면세 산업은 회복 과정에서도 따이공(daigou) 의존 구조, 브랜드 이탈, 수익성 압박 같은 구조적 이슈가 반복적으로 지적됐다.

즉, "사람이 몰리면 매출이 난다."라는 단순 공식이 더 이상 성립하지 않는다. 고객의 구성, 구매 목적, 채널 내 거래 구조가 바뀌면 전통은 오히려 리스크가 된다.

그래서 "Heritage는 밥통이 아니다."라는 말의 진짜 의미는 이것이다. 전통 채널을 '기본값(Default)'으로 깔고 가는 순간, 브랜드는 선택지를 잃는다. 선택지를 잃는 순간 브랜드는 협상력을 잃고, 마진을 잃고, 결국 운영 기준을 잃는다.

2013~2016년에 보였던 경고는, 지금 '현실'이 됐다

2013년에는 "10년 뒤 우리 브랜드가 살아 있을까?"라는 질문이 다소 과장처럼 들릴 수도 있었다. 2016년에는 면세점 공급, 백화점 정체, 온라인 비상 같은 징후들이 '진행형 이슈'였다. 그런데 지금 돌아보면, 그때의 경고는 과장이 아니라 예고편이었다.

- 온라인은 더 커졌고, 모바일이 구매의 기본 문법이 됐다.
- 면세는 단순한 성장 채널이 아니라 구조적 리스크를 안고 있는 채널로 재평가받고 있다.
- 글로벌 경쟁은 더 노골적이다. 중국 광군제는 매년 '비교 자체가 무의미한 스케일'을 보여 준다. 알리바바는 공식적으로 2023년 광군제에 참여한 브랜드/판매자 수와 전반적 성과를 발표하며, 이 이벤트가 글로벌 소비 인프라로 자리 잡았음을 강조했다.

이런 환경에서 "우리는 전통 채널이 강하니까."라는 말은, 사실상 "우리는 변화할 이유가 없다."라는 자기 최면이 된다. 전통은 자산이 아니라 '비용'이 될 수도 있다. 전통은 분명 자산이지만 운영 기준이 되지 못하는 전통은 비용이 될 수밖에 없다.

- 전통 때문에 상품을 바꾸지 못하면 비용
- 전통 때문에 가격 정책을 분리하지 못하면 비용
- 전통 때문에 고객 데이터/CRM을 못 쌓으면 비용
- 전통 때문에 채널 포트폴리오를 못 바꾸면 치명적인 비용이다.

이제 리테일링의 답은 '한 우물'이 아니라 우물의 재정의다. 브랜드가 지켜야 할 것은 '전통 채널'이 아니라 브랜드 철학에 맞는 유통 선택지(포트폴리오)와 실행력이다. 전통은 그중 하나로 '쓸 수도 있고, 접을 수도 있어야' 한다. 전통을 밥통으로 믿는 순간, 브랜드는 시대가 바뀔 때마다 같은 자리에서 같은 방식으로 굶게 된다.

──────── **핵심 키워드**

- 유통 포트폴리오
- 모바일 상식화
- 채널 리스크 분산

원본 글 출처

- 2023년 7월 10일, 「우물도 시대에 따라 다르게 파야 한다」
- 2019년 12월 16일, 「미래 유통 전략, 새로운 로드맵이 필요하다」
- 2016년 11월 23일, 「M&A로 변화는 패션 유통 질서」
- 2016년 5월 20일, 「새로운 유통 환경 승자의 조건」
- 2013년 3월 28일, 「10년 뒤, 우리 브랜드 살아 있을까?」

29

영업은 '열심히'가 아니라
'구조'로 성과를 만든다

영업 현장에서 가장 자주 들리는 말이 있다. "요즘은 더 열심히 뛰어야 한다."

맞다. 그런데 열심히는 이제 '필수 체력'일 뿐, 성과를 보장하는 무기가 아니다. 유통이 쪼개지고 고객이 세분화되고 데이터가 쌓이는 시대에는, 개인의 투지로 버티는 영업이 아니라 구조로 이기는 영업이 남는다.

2019년 여름과 겨울, 두 편의 글이 같은 결론으로 수렴한다. 하나는 가치 추구 시대의 유통 재편을 말하고, 다른 하나는 4차 산업 혁명이 만든 초(超)시대의 영업 확장을 말한다. 표면은 달라 보이지만 핵심은 같다.

"영업의 정의가 바뀌었으니, 영업의 구조도 바뀌어야 한다."

매장을 늘리던 시대가 끝나고, 포트폴리오를 설계하는 시대가 왔다

과거에 영업이 성과를 만드는 가장 쉬운 방법은 '출점'이었다. 백화점 중심의 확장은 매출과 브랜드 위상을 동시에 키우는 정답처럼 보였다. 하지만 2019년 글이 이미 경고했듯, 백화점이 여전히 핵심 채널이더라도 시장은 이미 면세, 아울렛, 온라인/홈쇼핑으로 축이 이동했고, 규모와 성장 속도는 '매장 수'만으로 설명되지 않게 됐다.

이 변화는 영업의 전장을 넓혔다. 더 이상 "어느 백화점에 들어가느냐."가 아니라,
- 어떤 채널 조합을 가져가고(백화점/아울렛/온라인/면세 등)
- 재고·가격·프로모션을 어떻게 채널별로 분리/연동하며
- 브랜드의 고객 가치와 연결되도록 운영 논리를 세우느냐가 성패를 가른다.

그래서 영업은 매장 단위의 전술에서 포트폴리오 단위의 전략으로 진화한다. 예전처럼 채널별로 따로 정책을 펼치고 그때그때 '땜질'로 행사로 막는 방식은, 유통이 복합화된 지금 구조적으로 한계가 온다. 결국 영업은 '점포 관리'를 넘어 채널 자산을 설계하는 기능이 되어야 한다.

'가치 추구'는 영업의 협상 언어를 바꿨다

2019년의 또 하나의 중요한 변화는 소비의 무게 중심이 볼륨(양)에서 밸류(가치)로 이동하고 있다는 관찰이다. 이 변화는 '가성비'만의 문제가 아니다. 밀레니얼/젊은 세대를 중심으로 개별 가치가 우선순위가 되면서, 유통도 컨셉형·편집형 온라인, 몰링형 복합 공간, 교외형 프리미엄 아울렛처럼 '경험+선택' 중심으로 재구성되기 시작했다.

이때 영업이 바뀌어야 하는 지점은 명확하다. 유통사와의 협상도, 매장 운영도, "매출이 얼마냐."만으로 끝나지 않는다. 브랜드가 어떤 고객 가치

를 대표하는지, 어떤 카테고리/가격/경험을 책임지는지, 그 맥락이 설계되어 있어야 한다. 그래야 철수·이동 같은 이슈에서도 감정이 아니라 기준으로 협상할 수 있다.

그래서 글이 강조하듯, 이제 필요한 것은 수동적 MD 개편에 끌려가는 것이 아니라 브랜드가 주도하는 능동적 MD 대응 전략이다. '점포 수 = 매출'이던 공식이 깨졌다면, 점포 수의 기준을 다시 세우고(적정 매장 수), 효율/비효율을 객관적으로 구분해(데이터 기반), 협상을 더 구조적으로 가져가야 한다.

초(超)시대, 영업은 '판매'가 아니라 '고객 시스템'이 된다

11월 글이 말하는 '초(超)시대'는 기술의 과장이 아니라, 영업이 다루는 변수의 폭이 폭발적으로 늘어나는 시대를 의미한다. 5G, 데이터, 플랫폼, 커뮤니티, 콘텐츠가 결합되면서 영업은 더 이상 '제안하고 팔고 끝'이 아니다. 영업의 업무는 고객/시장 발굴 → 고객 경험 설계 → 관계 유지/충성도 강화까지 넓어진다.

그래서 '열심히'를 구조로 바꾸는 3가지 원칙이 나온다.

첫째, 개인전이 아니라 팀 기반 영업으로 전환해야 한다. 데이터 분석, 커뮤니티 운영, 콘텐츠/플랫폼 운영, 매장 커뮤니케이션까지 한 사람이 다 할 수 없다. 팀이 같은 비전과 목표를 공유하고, 역할이 분화되어야 성과가 누적된다. 영업이 '개인기'로 돌아가는 조직은 일정 수준에서 반드시 한계가 온다.

둘째, 커뮤니티는 '부가 옵션'이 아니라 영업 인프라다. 예전의 커뮤니티가 단순 소통 채널이었다면, 지금 커뮤니티는 고객을 모으고 유지하며 다시 구매하게 만드는 구조다. 매장과 본사, 고객과 브랜드를 연결하는 SNS/플랫폼 설계가 '홍보'가 아니라 영업력 그 자체가 된다.

셋째, 영업과 마케팅은 분리된 부서가 아니라 융합된 엔진이어야 한다. 글의 비유처럼 투수와 포수 관계다. 지금은 영업이 마케팅 기능을 수행할 수 있는 도구가 넘치고(콘텐츠, 라이브, 데이터 타깃팅), 반대로 마케팅도 판매로 연결되는 경로를 설계해야 한다. 둘이 따로 움직이면, 열심히 할수록 비용만 늘고 성과는 분산된다.

결국, 영업의 승부처는 '지속 가능한 구조'다. 두 글이 공통으로 던지는 마지막 질문은 이것이다.

"이 변화를 얼마나 지속적으로 추진할 수 있느냐."

대부분의 조직은 원칙을 세워도 매출이 흔들리면 다시 행사로 돌아간다. 단기적으로는 숨통이 트일 수 있지만, 그 습관이 반복되는 순간 영업 조직은 구조를 잃는다. 구조를 잃으면, 결국 매년 같은 문제(입점/이동/철수)를 '더 열심히'로만 버티게 된다. 그리고 그때 영업은 성과 조직이 아니라 소모 조직이 된다.

그래서 결론은 더 단호해야 한다. 영업은 더 이상 '열심히 뛰는 사람'이 만드는 게 아니다. 기준을 세우고, 포트폴리오를 설계하고, 팀·커뮤니티·융합 엔진으로 '반복 가능한 승리 구조'를 만드는 조직이 성과를 만드는 것이다. 이게 새로운 시대의 영업이다.

──────── **핵심 키워드**

- 영업 포트폴리오
- 커뮤니티 인프라
- 영업-마케팅 융합

원본 글 출처

- 2019년 11월 5일, 「초(超)시대 영업 전략이 필요하다」
- 2019년 7월 19일, 「가치 추구 시대의 영업 전략」

30

유행과 흐름을 구분하는 사람이 판을 먹는다

탕후루

주말 상가에서 '탕후루' 가게 앞 오픈런을 보면, 세상이 얼마나 빠르게 달아오르고 식는지 실감한다. 아이들은 줄을 서고, 부모는 눈살을 찌푸리고, 점주는 '오늘도 완판'을 외친다. 여기까지만 보면 탕후루는 전형적인 유행(Fad)이다. 잠깐 반짝하고, 어느 날 다른 간식으로 갈아타는. 그래서 어른들은 보통 이렇게 결론 낸다. "저건 곧 끝나."

그런데 문제는, 세상에는 '끝나는 유행'만 있는 게 아니라 '세상을 바꾸는 유행'도 있다는 데 있다. 둘 다 처음엔 똑같이 보인다. 처음엔 다 작고, 가볍고, '애들 장난'처럼 보인다. 그리고 기업이 망하는 순간은 대개 그 가벼운 변화를 웃어넘겼을 때다.

결국 승부는 하나다. 유행을 유행으로 끝낼 것인지, 흐름으로 읽을 것인지. 레드오션에서 이기는 영업이 '더 많이'가 아니라 '더 정교하게'인 이유도 여기에 있다.

탕후루가 '지금의 소음'이라면, MP3는 '시대의 방향'이었다. 90년대 후반 MP3가 등장했을 때, 음악 생태계가 이렇게 완전히 뒤집힐 거라고 확신한 사람은 많지 않았다. 오히려 창작 의욕 저하, 저작권 침해 같은 반발이 더 컸고, 시장은 방어적으로 굴었다. 그런데 한 사람은 그 흐름을 다른 각도로 봤다. 스티브 잡스는 '파일'이 아니라 '생태계'를 봤다.

MP3 플레이어 자체는 더 빨랐고 더 잘 만든 제품도 있었다. 하지만 판을 뒤집은 건 기계가 아니라, 유통의 룰이었다. 아이팟은 '아이튠즈'라는 합법적 유료 유통망을 붙여서 음악을 '다운받아 듣는 행위'가 아니라 '돈 내고 쉽게 사는 습관'으로 바꿔 버렸다. 유행을 '제품'으로 본 쪽은 시장을 놓쳤고, 흐름을 '구조'로 본 쪽은 시장을 먹었다.

영화 산업도 똑같다. 넷플릭스는 단지 OTT가 아니라 '콘텐츠가 이동하는 길'을 선점했다. 기존 강자들이 TV·케이블·VOD의 논리로 계산하고 있을 때, 넷플릭스는 제작과 공급을 묶어 전 세계로 스트리밍하며 지형을 다시 그렸다.

그리고 휴대폰 시장에서는 노키아와 블랙베리가 '자기 플랫폼'을 고집하는 사이, 후발 주자였던 삼성은 갤럭시로 재빨리 대응했다. 레드오션에서 진짜 위험한 건 경쟁이 아니라 고집이다. 시장이 바뀌는데도 "우린 원래 이렇게 해 왔어."라고 말하는 순간, 그건 전략이 아니라 관성이다.

여기서 질문이 나온다. 그러면 우리는 어떻게 유행과 흐름을 구분할 것인가. 감으로? 촉으로? 현장에서 오래 굴렀던 '감각'은 여전히 중요하지만,

레드오션에서는 감각만으로는 부족하다. 왜냐하면 경쟁이 심할수록 유사한 정보가 모두에게 동시에 퍼지고, 모두가 동시에 같은 방향으로 뛰기 때문이다. 결국 '먼저 뛰는 사람'이 아니라 '다르게 뛰는 사람'이 이긴다. 이때 필요한 능력이 바로 정교함이다.

정교함은 이렇게 정의할 수 있다.

'더 열심히'가 아니라 더 정확하게, '더 많이'가 아니라 더 뾰족하게 움직이는 능력.

2016년 글이 말한 "성공의 8할은 레드오션에서 나온다."라는 문장은 그래서 현실적이다. 많은 사람들은 블루오션을 꿈꾸지만, 실제로 거대한 성공은 포화 시장에서 더 자주 나온다. PwC가 억만장자들을 분석했을 때도 '완전히 새로운 빈 시장'보다 '경쟁이 치열한 시장'에서 10년 이상 아이디어를 찾고 기획력으로 키운 사람들이 많았다. 레드불은 일본의 이온 음료 사례에서 영감을 얻어 에너지 음료 시장을 재정의했고, 다이슨은 강자가 지배하던 진공청소기 시장에서 '먼지 봉투 없는 청소기'로 게임의 규칙을 바꿨다.

핵심은 하나다. 그들은 레드오션을 레드오션으로 보지 않았다. 글이 말하듯, 시장은 레드/블루로 딱 갈라지는 게 아니라 기존 방식과 새로운 기회가 뒤섞인 퍼플오션이다. 그래서 싸움의 방식도 바뀐다. 더 많은 점포, 더 큰 광고비, 더 큰 할인 폭으로는 오래 못 간다. 정교하게 '다른 언어'를 만들어야 한다.

그렇다면 패션과 유통의 영업은 여기서 무엇을 가져와야 할까.

첫째, 유행을 좇는 능력이 아니라 유행이 끝난 뒤에도 남는 구조를 설계하는 능력이다. 탕후루가 진짜 흐름이 되려면 '가게가 많아지는 것'이 아니라 '습관이 되는 것'이 필요하듯, 브랜드의 히트도 한 시즌의 완판이 아니라 재구매·재방문·추천으로 이어지는 구조가 있어야 한다.

둘째, 레드오션에서 이기는 영업은 '확장'이 아니라 정밀 조정이다. 누구에게, 어떤 상황에서, 어떤 가치로 선택받는지 타깃을 더 잘게 쪼개고, 채널별 가격·상품·프로모션의 논리를 더 촘촘하게 설계해야 한다.

셋째, 가장 중요한 것은 '빠른 실행'이 아니라 빠른 학습이다. 흐름은 처음부터 크게 오지 않는다. 작은 신호로 온다. 그 신호를 잡아 '실험 → 데이터 → 수정'의 회전수를 높이는 조직이 결국 판을 먹는다.

결론은 도발적으로 한 줄이면 된다. 레드오션에서 이기는 영업은 '더 많이'가 아니다. 더 정교하게, 더 빨리 구분하는 사람이 이긴다. 탕후루를 보고 "애들 유행이네." 하고 끝내는 순간, 우리는 MP3를 놓친 사람들과 같은 자리에 서게 된다. 반대로 탕후루를 보며 '이 시대의 소비가 어떤 속도로, 어떤 채널로, 어떤 심리로 이동하는지'를 읽어 내면, 그건 단순한 디저트가 아니라 다음 판의 힌트가 된다.

유행은 소음처럼 지나가지만, 흐름은 구조를 바꾼다. 그리고 구조가 바뀌는 순간, 승자는 늘 바뀐다.

────────── **핵심 키워드**

- 유행과 흐름
- 레드오션 정교함
- 퍼플오션 기획력

원본 글 출처

- 2023년 10월 26일, 「탕후루와 MP3」
- 2016년 7월 15일, 「성공의 8할은 '레드오션'에서 나온다」

승자는 '양다리 전술'을
'포트폴리오 운영'으로 승화시킨다

메디치 가문의 클레멘스 7세의 주선으로 이루어진
카타리나 데 메디치와 프랑스 왕자 앙리 2세와의 결혼식 장면

고객의 동선을 장악하는 자가 승리한다

패션업계가 힘들다는 말은 이제 인사말이 됐다. 그런데 이상하지 않은
가. 힘들다면서도 백화점 1층부터 상층까지 수입·명품이 점령하고, 골프

웨어처럼 한때 '틈새'였던 카테고리는 어느새 브랜드가 과밀해졌다. 고객은 지갑을 닫은 게 아니라 동선을 바꿨다. 문제는 우리가 그 동선 변화에 '적응'이 아니라 '변명'으로 대응해 왔다는 데 있다.

코로나 탓, MZ 탓, 해외여행 못 가서 명품이 잘 팔린 탓…. 그런 분석은 이제 유효 기간이 끝났다. 글로벌 럭셔리 그룹의 성장세는 특정 국가나 일시적 변수로만 설명되지 않고, 브랜드 M&A와 포트폴리오 확장으로 구조적으로 이어지고 있다. 우리 시장만 예외일 리 없다. 그러니 이제 질문은 단순해진다. 고객이 이동하는 길목을 누가 먼저 선점하느냐.

여기서 많은 브랜드가 착각한다. 유통 전략을 '채널 선택' 정도로 생각한다. 백화점 갈까, 아울렛 갈까, 온라인 강화할까 같은 선택지 말이다. 하지만 지금 리테일은 채널이 아니라 경로(동선) 경쟁이다. 고객은 한 주에 백화점도 가고, 아울렛도 가고, 모바일로 가격 비교도 하고, 배송 속도와 후기, 콘텐츠를 동시에 본다. '온라인 vs 오프라인' 같은 이분법은 현실을 못 따라간다. 이미 시장은 한참 전에 혼합 동선(Omni-journey)으로 넘어갔다.

이 변화는 새삼스러운 게 아니다. 2019년에 이미 징후는 분명했다. 매장이 단순히 '파는 곳'에서 '체험하고 비교하고 결정하는 곳'으로 바뀌고, 구매는 다른 곳(온라인, 앱, 라이브, 즉시 배송)에서 일어나는 쇼루밍이 대세가 될 거라는 경고가 나왔다. 그때는 '미국 얘기' 같았지만, 지금은 우리 일상이 됐다. 오프라인 공실, 온라인 성장, 모바일 선주문·결제, 자체 물류를 가진 기업의 우위…. 이 흐름을 보면 2019년의 문제의식은 꽤 정확하게 적중했다. 즉, 유통의 승패는 점포 수가 아니라 '동선 설계'에서 갈린다는 말이다.

그렇다면 결국 승자는 '양다리'를 걸치는 사람이 아니라, 양다리를 '포트폴리오 운영'으로 시스템화한 사람이다. 양다리는 기회주의가 아니다. 제대로 설계하면 그건 생존 전략이고, 더 나아가 성장 전략이다.

르네상스 시대의 메디치 가문이 그랬다. 메디치는 '한쪽 편'만 들지 않았다. 전통 귀족과 혼인으로 지위를 끌어올리는 동시에, 신흥 상인·금융 네트워크로 돈의 흐름을 장악했다. 겉으로 보면 이쪽저쪽 줄을 대는 양다리 같지만, 본질은 목적이 분명한 포트폴리오였다. 무엇을 얻기 위해 누구와 연결해야 하는지, 관계의 목적과 우선순위를 냉정하게 설계했다. 그리고 결정적으로, 그 네트워크가 돈을 만들고, 그 돈이 예술과 권력을 후원하며, 다시 명성을 만들었다. 관계가 '분산'이 아니라 '연결'로 작동한 것이다.

지금 패션 유통도 똑같다. 문제는 수입 브랜드냐, 국내 브랜드냐의 구도가 아니다. 문제는 브랜드들이 한때 유행한 카테고리로 한꺼번에 몰려가며, 결국 고객 동선의 주도권을 유통과 플랫폼에 넘겨 버리는 패턴이 반복된다는 데 있다. 골프 웨어가 전형적이다.

짧은 시간에 브랜드가 폭증하면, 그다음 국면은 거의 공식처럼 온다. 유통은 더 강한 브랜드를 중심으로 재편하고, 약한 브랜드는 할인과 행사로 밀려난다. 그때 "국내 브랜드를 살려야 한다."라는 구호는 너무 늦다. 살릴 생각이 있었다면 애초에 고객이 유입되는 동선을 국내 브랜드가 함께 타도록 포트폴리오로 설계했어야 한다.

여기서 '과거 탓, 남의 탓'을 끊어야 한다. 해외 브랜드가 강한 건 그들이 잘해서다. 우리가 불리한 건 구조가 약해서다. 경쟁이 불리하다고 외면하면 더 불리해진다. 오히려 경쟁자를 정면으로 바라보는 순간, 내가 무엇을 바꿔야 하는지가 선명해진다. 중요한 건 '애국심 유통'이 아니다. 국내 브랜드도 실력으로 경쟁해야 하고, 유통도 균형 있는 생태계를 만들려면 육성의 구조를 갖춰야 한다.

수입 운영과 국내 육성을 동시에 하되, 둘 다 '대충'이 아니라 각각의 목적이 분명한 포트폴리오로 가야 한다. 메디치식으로 말하면, 한쪽은 '지위를 만들고', 다른 한쪽은 '현금을 만들고', 또 다른 쪽은 '미래를 산다.' 이 구분이 없으면 양다리는 곧 분산이고, 분산은 곧 실패다.

포트폴리오 운영의 출발점은 의외로 단순하다. 고객 동선을 시간순으로 쪼개는 것이다. 고객은 '인지 → 탐색 → 비교 → 체험 → 구매 → 배송/픽업 → 리뷰/재구매'의 흐름 속에서 움직인다. 그런데 많은 브랜드는 이 중 '구매' 지점만 보고 채널을 결정한다. 지금은 그 방식이 통하지 않는다.

동선을 장악하려면 구매 지점이 아니라 탐색과 체험 지점을 잡아야 한다. 매장은 판매가 아니라 설득의 공간이 되고, 온라인은 할인 경쟁이 아니라 콘텐츠와 편의(속도, 신뢰, 추천)의 경쟁이 된다. 아울렛도 단순 재고 처리장이 아니라, 고객의 주말 동선에 끼어드는 라이프 스타일 목적지가 된다. 이걸 인정하는 순간, 채널에 대한 '도덕적 서열'이 사라진다. 백화점이 더 고급이고, 온라인이 더 싸구려라는 선입견 자체가 구시대적이다. 지금 고객에게 중요한 건 '내가 원하는 방식으로, 내가 원하는 순간에, 내가 납득할 가격과 경험으로 살 수 있느냐'다.

또 하나의 변곡점은 '배송'이었다. 2022년 택배 파업 이슈에서 드러났듯이, 배송은 더 이상 백 오피스가 아니다. 배송은 고객 경험의 전면이다. 자체 배송을 갖춘 기업이 위기에서 오히려 기회를 얻는 현상은, 리테일의 승패가 제품만이 아니라 운영 시스템에 의해 갈린다는 증거다. 결국 리테일에서 포트폴리오 운영이란 '채널 여러 개를 깔아 두는 것'이 아니라, 고객 동선의 구간마다 가장 강한 옵션을 배치해 전체 경험을 끊김 없이 설계하는 일이다.

정리하면, '양다리'는 욕먹을 전략이 아니다. 욕먹어야 할 건 무계획한 양다리다. 브랜드가 유통을 여러 개 한다고 해서 포트폴리오가 되는 게 아니다. 목표가 있어야 하고, 각 채널의 역할이 달라야 하고, 무엇보다 그 모든 옵션이 고객의 동선을 따라 하나의 경험으로 연결되어야 한다.

그걸 해내는 브랜드는 위기에도 흔들리지 않는다. 고객이 어디로 이동하든, 그 길목에 이미 내가 있기 때문이다.

신세계 백화점 강남점

─────── 핵심 키워드

- 고객 동선
- 포트폴리오 운영
- 온·오프 융합

원본 글 출처

- 2023년 4월 17일,「과거 탓, 남의 탓 하지 말고 경쟁하자」
- 2022년 11월 21일,「메디치 가문의 양다리 전술」
- 2022년 2월 7일,「디지털 리테일 시장의 변곡점」
- 2019년 4월 11일,「오프라인 매장 어떻게 변해야 하나」

32

타임머신 타고 내다본 미래 예측

시장은 바뀌어도 '신호'는 반복된다

나는 가끔 내 오래된 칼럼들을 다시 꺼내 읽는다. 그리고 혼자 피식 웃는다. "이거, 진짜 이렇게 됐잖아?" 물론 예언자가 되고 싶은 마음은 없다. 다만 시장은 늘 변덕스럽고, 사람들은 늘 "이번엔 다르다."라고 말하지만, 실제로는 변화를 만드는 '신호(Signal)'의 패턴이 반복될 뿐이다.

내 예측이 적중했던 이유도 거창하지 않다. 한 줄로 요약하면 이렇다.

새로운 기술·새로운 유통·새로운 소비가 등장할 때, 결국 승패는 '구조'를 바꾼 쪽이 가져간다.

그리고 그 구조를 바꾸는 신호는 언제나 "고객의 시간과 동선이 어디로 이동하는가."에서 먼저 보인다.

2009년, 나는 '준비된 패션 산업'을 이야기했다. 당시의 문제의식은 명확했다. 한국 패션이 더 이상 '국내 잔치'로는 살아남지 못한다는 것. 산업이 커질수록 단체 간 이해관계로 분열되고, 해외 바이어·프레스·유통 네트워크는 약한데, 외부에서는 글로벌 자본을 들고 들어와 상권을 장악한다. 그때 나는 결국 통합된 협업 구조(행정·브랜드·유통의 역할 분담) 없이는 국제 무대에 올라가기 어렵다고 봤다.

지금 돌이켜 보면, 그 결론은 더 선명해졌다. 시장이 글로벌 플랫폼 중심으로 바뀌면서 '좋은 디자인'만으로는 부족해졌고, 브랜드·콘텐츠·유통·데이터가 한 몸처럼 움직이는 구조가 성패를 가른다. 준비 없는 산업은 트렌드 한 번, 환율 한 번, 유통 판 한 번 뒤집히면 그대로 휘청거린다. 반대로 준비된 산업은 외부 변수를 기회로 바꾼다. 이건 2009년이나 지금이나 같다.

2011년, 나는 "이제는 패션 한류다."라고 썼다. 그때 이미 K-POP이 유행해 유럽에서 티켓이 매진되고, 한국이라는 '국가 브랜드'가 깔리기 시작했다. 그리고 나는 '이 멍석 위에 패션이 올라탈 차례'라고 봤다. 조건도 분명히 제시했다.

해외 시장을 염두에 둔 기획, 우리끼리의 출혈 경쟁 탈피, 그리고 무엇보다 장기 투자와 정체성. 이 예측이 맞았던 이유는 단순하다. 한류는 콘텐츠의 유행이 아니라 '신뢰의 이전'이기 때문이다. 사람들은 어느 순간 "한국이 만든 건 한번 볼만하다."에서 "한국이 만든 건 기대해도 된다."로 태도를 바꾼다. 이 변화는 영화, 음악, 뷰티를 거쳐 패션으로 이동한다. 시장은 장르를 바꿔 가며 반복한다.

그리고 여기서 더 중요한 메시지 하나. 나는 당시 이탈리아의 사례를 들며, 단기 매출보다 질과 지속성을 강조했다. 세계가 사랑하는 Prada, Gucci, Giorgio Armani 같은 브랜드가 '양'이 아니라 '정체성'으로 시간을 축적해 왔다는 사실은, 지금도 변하지 않는 정답이다.

브랜드는 결국 시간이 만든다. 유행이 아니라 축적이 승부를 낸다.

2013년, 나는 "패션 지도가 바뀐다."라고 단언했다. 그해의 키워드는 인수 합병, 유통 빅3의 아울렛 전쟁, 기후 변수, 그리고 내수 중심 운영의 한계였다. 나는 여기서 두 가지를 예측했다.

첫째, '크기'가 아니라 '방향'이 생존을 결정한다.

M&A는 단순히 몸집 불리기가 아니라, "예전 방식이 더는 통하지 않는다."라는 시장의 경고다. 실제로 이후 패션 기업들은 국내 확장만으로 성장하던 시대를 지나, 해외·온라인·포트폴리오 재편으로 이동했다.

둘째, 디자인 중심에서 아이템 중심으로 무게 추가 이동한다.

그때 이미 '패딩 신드롬', '히트 아이템'의 힘을 이야기했다. 시간이 지나며 이 흐름은 더 강해졌다. 지금은 어떤 브랜드든 '스타일 수'가 아니라 '한 방 아이템이 고객의 시간을 점유하느냐'가 훨씬 중요해졌다. 시장은 넓어졌지만 고객의 시간은 더 쪼개졌기 때문이다. 내가 2013년에 봤던 신호는, 결국 "고객의 선택 기준이 단순해진다."라는 것이다. 복잡한 건 기업의 사정이고, 고객은 자기 삶에 들어오는 몇 개의 아이템으로 브랜드를 판단한다.

2015년, 나는 「패션의 미래가 생존하는 법」에서 소비자 라이프 스타일의 변화를 먼저 짚었다. 핵심은 두 가지였다. '입는 것'보다 '먹는 것'이 커지고, 성(性)의 경계가 빠르게 사라진다는 것. 그리고 소비자는 빠르게 새로움을 소비하면서도 동시에 과거의 감성을 그리워한다는 것이다.

이게 왜 '예측'이었냐고 묻는다면? 당시만 해도 많은 기업이 여전히 "우리가 제안하면 고객이 따라온다."라는 시대의 관성 속에 있었기 때문이다. 하지만 나는 그때 이미 소비자가 공급자보다 빠르게 진화한다는 점을 경고했다.

이 신호는 이후 거의 모든 영역에서 사실로 증명됐다. 성별 구분이 흐려지고, 편안함과 실용이 강해지고, 콘텐츠는 레트로와 신기술을 동시에 소비한다. 이 변화는 패션의 본질을 바꿨다. '예쁜 옷' 경쟁에서 '내 삶에 들어오는 옷' 경쟁으로 이동한 것이다. 브랜드는 더 이상 런웨이로만 설득할 수 없다. 고객의 하루 속에 들어가야 한다.

그리고 2020년, 포스트 코로나를 다룬 두 편의 글은, 솔직히 말해 '예측'이라기보다 '가속'에 대한 선언이었다. Forbes가 J.C. Penney의 파산을 다루고, 오프라인 리테일이 무너지고, 면세와 백화점이 흔들리던 시점에 나는 한 가지를 분명히 했다.

리테일의 혁신은 '매장'이 아니라 '데이터 기반 고객 경험'으로 간다.

그리고 하편에서는 디지털 리테일의 공통분모를 요약했다. AI, IoT, 가상 현실, 음성·안면 인식. 당시엔 "너무 멀리 간 얘기 아니냐."라는 반응도 있었지만, 본질은 기술 자체가 아니었다. 본질은 이거다.

비대면이 늘수록, 개인화와 신뢰 설계가 경쟁력이 된다.

Amazon, Walmart, Alibaba 같은 기업들이 강한 이유는 '온라인이어서'가 아니라, 고객 행동 데이터를 바탕으로 '다음 행동을 설계'하기 때문이다. 고객은 늘 바쁘고, 선택은 늘 피곤하다. 그래서 시장은 결국 '선택을 덜 힘들게 해 주는 구조'로 이동한다.

이 신호는 코로나가 끝나도 사라지지 않는다. 코로나는 원인이 아니라 촉진제였을 뿐이다.

내 칼럼들이 운 좋게 맞아떨어진 이유는 '운이 좋아서'가 아니다. 나는 늘 같은 방식으로 시장을 봤기 때문이 아니었을까 생각한다. 시장 변화를 예측할 때 가장 먼저 확인해야 할 것은 트렌드가 아니라 신호다. 고객의 시간이 어디로 이동하는가. 고객의 동선이 어떤 구조로 재배치되는가. 브랜드가 무엇을 '더 많이' 하는가가 아니라, 무엇을 덜어 내고 정렬하는가.

이 신호를 읽으면, 시대가 바뀌어도 답은 반복된다. 글로벌로 가는 구조, 정체성을 축적하는 구조, 아이템 중심으로 집중하는 구조, 데이터로 개인화하는 구조.

결국 브랜드와 리테일의 승자는 하나다.

변화의 방향을 '감(感)'이 아니라 '구조'로 번역해 실행한 사람.

──────── **핵심 키워드**

- 신호 감지
- 구조 전환
- 선제적 투자

원본 글 출처

- 2020년 6월 15일, 「포스트 코로나 시대, 리테일 혁신 방향(上)」
- 2020년 7월 20일, 「포스트 코로나 시대의 리테일 혁신 방향(下)」
- 2015년 2월 23일, 「패션의 미래가 생존하는 법」
- 2013년 12월 23일, 「패션 지도가 바뀐다」
- 2011년 5월 26일, 「이제는 패션 한류다」
- 2009년 9월 18일, 「준비된 패션 산업을 꿈꾸며」

33

Fashion Paradigm Shift 전략

A.I 큐레이션 MD 방향 및 영업 고도화 방안

패션 비즈니스는 원래 '감'의 산업이었지만 이제는 더 이상 시장은 감으로는 버틸 수 없는 구조로 바뀌었다. McKinsey&Company와 The Business of Fashion이 함께 제시한 The State of Fashion 2025의 핵심 메시지를 한 줄로 요약하면 이렇다. 브랜드는 더 이상 '잘 만들면 팔리는' 게임이 아니라, '가치를 재정의하고(Value Shift) 기술로 정교하게 연결하며(AI) 재고·소싱·판매 조직까지 끝단을 재설계하는' 게임이 되었다는 것이다.

먼저 MD의 판이 바뀐다. 소비자는 이제 정가·브랜드 권위만으로 움직이지 않는다. 리세일(Resale), 오프 프라이스(Off-price), 듀프(Dupe)까지 포함해 브랜드 에쿼티가 '가격표'가 아니라 '선택 가능한 형태'로 분해된다. 이 상황에서 "우리는 프리미엄이야."라는 선언은 더 이상 방어막이 아니다. 오히려 질문은 더 잔인해진다. 정가로 사든, 세일로 사든, 리세일로 사든 고객이 그 브랜드를 선택할 이유가 남아 있는가.

그래서 MD의 첫 번째 과제는 상품을 늘리는 게 아니라 BVP(Brand Value Positioning)를 다시 정의하고, 그 정의가 흔들리지 않도록 가격·채널을 설계하는 것이다. 특히 온·오프의 가격 정책은 '통일'이 정답이 아니라 에퀴티를 지키는 듀얼(온·오프) 룰을 만드는 게 정답이 된다. 고객이 느끼는 불공정('어제 정가, 오늘 반값')을 제거하면서도, 채널별 역할(경험/발견/전환)을 분리해 운영하는 방식이다.

여기서 기술이 '멋'이 아니라 '무기'로 들어온다. 이제 AI는 마케팅의 장식이 아니라 MD의 적중률과 회전율을 끌어올리는 엔진이 된다. 보고서가 강조하는 'AI 기반 큐레이션'은 결국 한 문장으로 귀결된다. 상품을 '진열'하는 시대에서, 고객이 '발견'하도록 설계하는 시대로. 요약본에 정리된 바처럼, 고객의 상품 탐색이 AI 추천을 통해 이뤄지는 비중이 이미 80%대에 근접한다는 전제라면(요약본 기준), MD는 '기획'과 '배치'의 정의를 바꿔야 한다.

기획 MD는 PLM(예: Centric Software 같은 솔루션)을 중심으로 개발·원가·리드 타임을 통합해 '끝까지 실행되는 기획'을 만들고, 영업 MD는 고객 데이터와 알고리즘을 언어로 삼아 '어느 매장에 무엇을 언제 얼마만큼'을 더 빠르고 더 정확하게 결정해야 한다. 이때 AI는 예측도 하지만 더 중요한 건 실행의 루프를 짧게 만드는 것이다. 잘 팔렸는지/안 팔렸는지의 결과가 다음 주가 아니라 오늘 기획과 배분에 반영되는 구조. 그 구조가 곧 손익이다.

그리고 재고의 시대가 끝난다. '재고는 실력'이라는 말이 통하던 시절이 있었다. 하지만 앞으로의 재고는 실력이 아니라 비용이자 리스크가 된다. 요약본이 던지는 방향은 분명하다. End-to-end(처음부터 끝까지)로 PLM과 AI 배분이 연결되고, '리오더/QR(추가 생산·추가 입고)'에 의존하지 않는 운영으로 가야 한다. 즉, "팔리면 더 만들자."가 아니라 "애초에 덜 틀리자."로 패러다임이 이동한다. 재고가 줄어드는 만큼, MD는 SKU를 줄이고 히어로를 키우며, 공급망은 더 민첩해져야 한다.

마지막으로 MD가 반드시 붙잡아야 할 현실이 있다. 무역·관세·지정학 리스크가 '원가'가 아니라 '생존' 변수가 된 시대다. 소싱은 더 이상 한 국가, 한 파트너에 기대는 기술이 아니다. 'Trade Reconfigured'라는 표현 그대로, 소싱 채널을 다변화하고 제3국 옵션을 개발하며, 기존 소싱처의 원가율을 다시 산출하는 작업이 기본값이 된다. 즉, MD가 '상품'만 보는 조직이면, 앞으로는 계속 뒤통수를 맞는다. MD는 원가와 리드 타임, 관세와 리스크를 함께 보는 운영 조직으로 진화해야 한다.

이제 영업의 판을 보자. 영업은 흔히 온라인 전환으로 "사람의 역할이 줄어든다."라고 착각한다. 그런데 요약본은 반대로 말한다. 오프라인은 결국 세일즈 피플의 질이 성패를 가른다. 고급 서비스 경험을 받은 고객이 더 많이 지출할 가능성이 높다는 통찰은, '친절' 얘기가 아니다. 교육과 제도가 곧 매출이라는 뜻이다.

그래서 영업 고도화의 출발점은 매장 직원을 '비용'으로 보지 않는 것이다. 지속적·체계적 교육 투자, 그리고 결정적으로 옴니(Omni) 인센티브 제도가 필요하다. 매장에서 상담한 고객이 온라인에서 구매해도, 그 전환의 기여가 매장에 돌아가는 구조. 이 구조가 없으면 매장은 온라인을 '적'으로 보고, 온라인은 매장을 '전시관'으로만 쓰며 내부 전쟁이 시작된다. 옴니 시대에 가장 위험한 것은 경쟁사가 아니라 같은 회사의 다른 채널이다.

시장도 재정렬된다. "차이나 드림에서 벗어나라."라는 메시지는 단순한 구호가 아니다. 중국 편중의 리스크가 커진 지금, 영업은 중국·일본이 아닌 '자사 브랜드에 맞는 해외 시장'을 재선정해야 한다. 더 나아가 직영몰만으로는 한계가 있으니, 해외 온라인 에이전시/플랫폼 활용을 전제로 한 진출 모델을 동시에 깔아야 한다. 한쪽만 파는 건 전략이 아니라 도박이 된다.

그리고 성장의 무게 중심이 바뀐다. 2025년 이후의 소비 증가분에서 50세 이상이 큰 비중을 차지한다는 전망은(요약본 기준), "시니어 제품을 만들자."가 결론이 아니다. 결론은 이것이다. 브랜드별로 강세 고객군을 다시 정의하고, 그 고객의 동선에 맞춰 영업을 재설계해야 한다. 여기에 '스포츠 웨어 쇼다운' 같은 경쟁 심화, 그리고 '탈탄소(Decarbonization)' 대응은 옵션이 아니라 전제 조건으로 들어온다. 즉, 영업은 더 이상 매장 수 싸움이 아니라, 고객 동선·서비스 품질·인센티브·해외 시장·카테고리 재정의가 한 덩어리로 묶인 구조 싸움이 된다.

정리하면, Fashion Paradigm Shift의 본질은 화려한 기술 도입이 아니다. 가치(BVP)를 다시 세우고, AI로 발견을 설계하고, 재고·소싱을 끝단까지 재구성하며, 영업을 사람과 제도로 업그레이드하는 것이다.

이 흐름에서 이기는 브랜드는 "AI를 한다."가 아니라 AI가 들어갈 자리를 이미 '구조'로 만들어 둔 브랜드다. 그리고 그 구조의 목적은 단 하나다. 고객이 움직이는 길목을 먼저 점령하는 것. AI 큐레이션 MD와 영업 고도화는 결국 그 길목을 장악하기 위한, 가장 현실적인 전투 방식이다.

───── **핵심 키워드**

- A.I 큐레이션
- BVP 재정의
- 옴니 인센티브

• 「The State of Fashion 2025,
The Business of Fashion×McKinsey&Company 공동 리포트(발행 연도: 2025)」

34

깐깐한 상사들의 시대가 저문다

조직에서 '쓴소리'만큼 어려운 단어가 또 있을까. 누구나 듣기 싫다. 특히 상사에게는 더 그렇다. 장유유서와 상명하복의 관성이 남아 있는 조직일수록, 직언은 '용기'라기보다 '리스크'가 된다. 그래서 우리는 종종 착각한다. 말을 세게 하는 사람만이 리더이고, 깐깐하게 몰아붙이는 사람이 조직을 성장시킨다고.

그런데 요즘 현장은 정반대의 신호를 보낸다. 사람들은 더 이상 카리스마를 원하지 않는다. 정확히 말하면 '카리스마라는 방식'으로 움직이는 조직을 견디지 않는다. 누가 더 크게 말하느냐가 아니라, 누가 더 많이 듣고 더 정교하게 설계하느냐가 리더의 기준이 되는 시대다. 깐깐한 상사들의 시대가 저무는 이유는 '세대가 유약해져서'가 아니다. 환경이 바뀌었고, 그 환경에서는 한 사람의 판단만으로 답을 만들 수 없기 때문이다.

이 변화는 의외의 곳에서 더 선명하게 보인다. 최근 야구 중계에서 'Mr. 쓴소리'로 불리는 김태형 전 감독(현 롯데자이언츠 감독)의 해설이 화제가 된 이유도 본질은 같다. 그는 방송에서 감독들에게 "선수 기용에는 일관된 원칙이 있어야 한다."라는 일침을 놓고, 심판들에게도 경기 운영의 기본을 잊지 말라고 날카롭게 지적한다. 어떤 사람은 통쾌하다고 하고, 또 어떤 사람은 지나치다고 말한다. 하지만 대부분이 인정하는 사실이 하나 있다. 그의 말은 '감정'이 아니라 '원칙'을 겨냥하고 있다는 점이다. 쓴소리가 살아남는 조건은 목소리의 크기가 아니다. 메시지의 품질이다. "왜 그 결정을 했는가."에 대한 기준이 명확하고, 그 기준이 경기(조직)의 수준을 끌어올리는 방향이라면, 쓴소리는 비난이 아니라 '업그레이드'가 된다.

기업에서도 같은 원리가 작동한다. 미국에서는 이를 훨씬 체계적으로 다룬다. '레드 팀(Red Team Thinking)'이라는 개념이 대표적이다. 레드 팀은 다수가 동의하는 안건에 의도적으로 반대 의견을 제시하며 전략과 계획을 객관적으로 검증하는 조직이다. 중요한 전제는 이것이다. 리더는 이견을 '반항'이 아니라 '의견'으로 받아들일 수 있어야 한다(Agree to Disagree).

더 나아가 레드 팀은 부서·직급·연령이 다른 사람들을 섞어 다양성을 확보하고, 보통 6~12명 규모가 효율적이라고 말한다. 인원이 너무 적으면 관점이 부족하고, 너무 많으면 의사 결정이 느려진다는 이유다. 실제로 구글, 펜타곤(미 국방부), 일본 정책투자은행(DBJ) 등이 레드 팀을 운용해 왔다는 사례는 시사점이 크다. 상명하복이 강한 조직일수록 '쓴소리의 시스템화'가 더 중요해진다. 목소리 큰 '깐깐한 상사' 한 명이 조직을 끌고 가는 시대가 아니라, 서로의 맹점을 보완하도록 설계된 구조가 조직을 살리는 시대다.

여기서 한 번 더 확인해야 할 사실이 있다. "깐깐한 상사가 저문다."라는 말은 "기준이 사라진다."라는 뜻이 아니다. 오히려 반대다. 앞으로 기준은 더 엄격해진다. 다만 기준을 전달하는 방식이 바뀐다. 과거 실력 있는 리더는 답을 빠르게 주는 'Decision Maker'로 평가받았다. 경험과 연륜으로 방향을 찍고, 조직은 그 결정을 따라가는 구조였다. 특히 임원이라는 자리는 책임을 전제로 하기 때문에, '결정 = 책임'이라는 공식은 지금도 유효하다. 직원 대비 임원 비율이 0.87%(115명 중 1명) 수준이라는 조사 결과가 상징하듯, 그 자리에 오르기까지의 경쟁은 치열하고, 그만큼 리더들은 '결정의 무게'로 자신을 증명해 왔다.

하지만 환경이 변했다. 조직심리학의 대가인 에드거 샤인 MIT 슬론 경영대학원 교수는 불확실성의 시대에서 리더에게 필요한 능력은 지시가 아니라 협력이라고 강조한다. 그는 『리더의 질문법(Humble Inquiry)』에서 리더십의 핵심 덕목을 겸손이라고 말한다. 변화의 속도가 빨라지고 업무 환경이 끊임없이 바뀌는 시대에는, 한 사람의 머리로만 리스크를 감당하며 위기를 돌파하는 것이 불가능하기 때문이다. 팬데믹 이후에도 공급망 불안, 인플레이션, 환율과 금리의 변동성, 기후 리스크까지 겹치면서 불확실성은 '초(超)불확실성'으로 강화됐다. 이 상황에서 깐깐함을 무기처럼 휘두르는 리더는 종종 조직을 조용히 침묵하게 만든다. 침묵은 평온이 아니다. 침묵은 리스크의 축적이다.

스티브 잡스는 미국에서도 악명 높은 '깐깐한 상사'로 알려져 있다. 그와 함께 일했던 애플의 한 임원은 "새로운 생각을 제안하는 것보다 참고 일하는 편이 덜 스트레스였다."라고 회고한다. 이 한 문장이 말해 주는 건 단순하다. 깐깐함이 강해질수록, 조직은 제안 대신 눈치를 선택한다. 그리고 불확실성 시대에 '눈치로 굴러가는 조직'은 결국 속도가 아니라 방향을 잃는다.

그러면 우리는 쓴소리를 버려야 할까? 아니다. 오히려 쓴소리는 더 필요해진다. 다만 쓴소리는 '사람을 때리는 말'이 아니라 '문제를 겨냥한 말'이어야 한다. 그리고 그 쓴소리가 조직 안에서 살아남으려면, 리더의 역할도 바뀌어야 한다. 과거처럼 카리스마로 정답을 강요하는 방식이 아니라, 팀이 문제를 더 정확히 보게 만드는 방식, 즉 질문하고 듣고, 기준을 공유하고, 이견을 시스템으로 흡수하는 방식으로.

결국 결론은 명확하다. 세상은 카리스마를 원하지 않는다. 지금 조직이 필요로 하는 것은 '무서운 상사'가 아니라, 부드럽지만 단단한 리더십이다. 부드럽다는 것은 느슨하다는 뜻이 아니다. 부드러움은 사람을 살리는 방식이고, 단단함은 기준을 지키는 힘이다. 기준을 세우되, 그 기준을 팀이 함께 소유하게 만드는 것. 쓴소리를 하되, 감정이 아니라 원칙으로 말하는 것. 그리고 무엇보다, 리더의 자신감을 잠시 접고 구성원의 이야기를 듣는 것. 앞으로의 시대는, 그 한 발짝의 겸손이 조직의 생존 확률을 끌어올린다.

깐깐함은 조금 줄여 나가자. 대신 기준은 더 정교하게 세우자. 이제 리더십은 '강한 목소리'가 아니라, 강한 협력 구조로 증명되는 시대다.

─────── **핵심 키워드**

- 겸손(Humble Inquiry)
- 쓴소리 시스템(레드 팀)
- 협력형 리더십

원본 글 출처

- 2023년 5월 29일, 「쓴소리를 들을 수 없다면 발전도 없다」
- 2022년 10월 11일, 「깐깐한 상사들의 시대가 저문다」

35

꼰대 말고 코치가 되자

요즘 조직에서 가장 위험한 순간은 회의에서 깨질 때가 아니다. 회의가 조용할 때다. 모두가 고개를 끄덕이고 "네, 알겠습니다."만 반복하는데 결과는 계속 미끄러진다. 그때 리더는 대개 더 강하게 말하고, 더 자세히 가르치려 한다. "내가 다 알려 줄게. 이렇게 하면 돼."

그런데 바로 그 순간, 구성원들은 마음속으로 한발 물러난다. 왜냐하면 많은 직장인이 '일하면서 제일 기분 나쁠 때는 상대가 나를 가르치려고 할 때'라고 느끼기 때문이다. 가르친다는 행위는 의도가 선해도, 상대에게는 '무시'로 번역될 수 있다. 그래서 지금 시대 리더십의 첫 번째 과제는 명확하다.

알렉스 퍼거슨 감독

Teacher(선생님)로 이기는 시대가 끝났고, Coach(코치)로 살아남는 시대가 시작됐다. 코치라는 단어의 출발은 헝가리의 도시 '코치(Kocs)'에서 만들어진 마차였다. 사람을 출발지에서 목적지까지 태워다 주는 이동 수단. 이 개념이 확장되어, 옥스퍼드 대학교가 수험 지도를 하는 개인 교사를 '코치'라 부르기 시작했다. 핵심은 간단하다. 코치는 누군가를 '가르치는 사람'이 아니라 '데려다주는 사람'이다. 목적지까지 함께 가되, 페달(혹은 스윙)을 대신 밟아 주지 않는다. 길을 읽고, 속도를 조절하고, 넘어질 때 다시 일어서게 만든다.

직장도 마찬가지다. 목표는 한 가지인데, 선수(구성원)마다 역량도 다르고, 컨디션도 다르고, 동기 부여의 버튼도 다르다. 여기서 리더가 '정답을 아는 사람'의 자세로 들어가면, 팀은 한순간 빨라질 수 있어도 오래 못 간다. 반대로 '코치'의 자세로 들어가면 속도는 일정하지 않아도, 팀은 지속적으로 강해진다.

이 지점에서 '코칭'의 본질을 정확히 짚어 주는 말이 있다. 한때 MLB에서 명장으로 불렸던 감독이 이렇게 말했다고 한다.

"선수를 감독이 키운다는 건 오만한 생각이다. 기본적으로 능력이 있는 선수들이 있었을 뿐이고, 코치는 그 선수들에게 조언을 하고 기회를 줄 뿐이다."

결국 리더는 연금술사가 아니다. 인재를 '새로 만들어 내는 사람'이 아니라, 이미 있는 역량이 발현되도록 환경과 기회를 설계하는 사람이다.

그래서 코치는 개인기만 보지 않는다. 팀워크를 본다. 영국 명문 구단 맨체스터 유나이티드를 28년간 이끌며 수십 개의 우승컵을 들어 올린 알렉스 퍼거슨 감독의 원칙이 상징적이다. 그는 골을 넣은 선수가 과도한 세리머니를 하는 것을 싫어했고, 팀을 '원 팀'으로 묶는 규율을 중시했다. 조직도 같다. 스타 한 명의 폭발력보다, 서로가 서로를 살리는 시스템이 더 강하다. 특히 불확실성이 커질수록, 리더는 개인의 영웅 서사가 아니라 팀의 생존 구조를 만들어야 한다.

그런데 코치형 리더십을 말할 때, 반드시 같이 붙어야 하는 단어가 있다. 바로 사심(捨心)이다. 연말 인사 시즌이 오면 리더는 성과 지표만으로 사람을 평가한다고 믿지만, HR 전문가들은 '그 지표를 승인하는 리더의 마음가짐'이 더 중요하다고 말한다. 능력주의를 표방해도 판단의 순간에 사심(私心), 즉 내 욕심, 내 편, 내 감정이 개입하면 평가는 무너진다. 그래서 불교에서는 리더에게 사심(私心)이 아니라 사심(捨心)을 강조한다. 집착하지 않고, 평등하게 보고, 좋아하고 싫어함의 구별을 내려놓는 마음.

이 '사심(捨心)'은 도덕 교과서가 아니라, 현장 기술이다. 예를 들어 현대차그룹이 '순혈주의 타파'를 외치며 외부 인재 영입을 확대하고, 삼성·GE·닛산 등 다양한 배경의 리더를 전진 배치한 사례는 '리더가 무엇을 버려야 하는가'를 보여 준다. 익숙한 사람만 쓰는 편안함을 버리고, 조직의 미래를 위해 필요한 역량을 선택한 것이다. 코치형 리더십은 결국 이 선택에서 시작한다. 내가 편한 팀이 아니라 회사가 필요한 팀을 만드는 것.

그렇다면 리더가 버려야 할 사심(私心), 품어야 할 사심(捨心)은 무엇일까. 현장에서 특히 자주 무너지는 지점은 세 가지다.

첫째, 후배의 강점을 발견하는 습관이 없으면 코치가 될 수 없다. 코치는 약점을 고치는 사람이 아니라, 강점이 경기에서 작동하도록 배치하는 사람이다. 잭 웰치가 어릴 적 말을 더듬을 때, 어머니가 '너는 생각이 너무 빨라 입이 따라오지 못하는 것'이라고 말해 줬다는 일화가 상징한다. 리더의 한 문장이 사람의 정체성을 만든다. 다만 여기서 함정이 있다. 공개적 칭찬은 종종 '편애'로 오해받는다. 그래서 칭찬은 더 조용하고, 더 개인적으로 정교해야 한다.

둘째, 리더가 실수를 인정하지 못하면 조직은 학습을 멈춘다. 신이 아닌 이상 누구나 실수한다. 그런데 리더가 완벽한 척할수록 구성원은 더 숨는다. 더 나쁜 것은, 실수가 '능력 부족'으로 낙인찍히는 문화다. 이때 팀은 보고하지 않고, 문제는 늦게 발견된다. 한 심리학자는 직장인의 상당수가 연봉 인상보다 '상사 해고'를 원한다는 사실을 전하며, 리더가 믿는 정의감이 오히려 조직을 망칠 수 있다고 경고했다. 코치는 '권위'를 지키는 사람이 아니라, 학습의 안전지대를 만드는 사람이다.

셋째, 내 지시를 잘 따르는 충성스러운 사람이 좋아지기 시작하면 위험 신호다. 그 순간부터 리더 주변은 'YES'로 채워지고, 프로젝트는 잘못된 방향으로 가도 누구도 브레이크를 걸지 않는다. 코치형 리더는 충성보다 정직한 피드백을 좋아한다. 쓴소리를 말해 주는 사람, 다른 관점을 던지는 사람, 불편한 질문을 하는 사람을 곁에 둔다. 이것이 사심(捨心)이고, 동시에 코칭의 기술이다.

정리하면, Teacher는 답을 주고, Coach는 성장을 설계한다. Teacher는 "내가 가르친다."로 시작하지만, Coach는 "네가 해낼 수 있게 돕는다."로 시작한다. 지금 시대정신은 후자에 서 있다. 불확실성이 커질수록, 조직은 더 많은 답이 아니라 더 좋은 팀워크가 필요하다. 그리고 그 팀워크는 '꼰대'가 아니라 코치가 만든다.

─────── **핵심 키워드**

- Coach 리더십
- 사심(捨心)
- 팀워크 설계

원본 글 출처

- 2023년 12월 10일, 「리더가 품어야 하는 사심(捨心)」
- 2022년 8월 22일, 「꼰대 말고 코치가 되자」

36

전환의 시대, MZ 언어로 장착하라

리더십이 바뀌고 있다. 정확히 말하면, 리더십의 '엔진'이 바뀌는 중이다. 과거에는 '누가 더 강하게 밀어붙이느냐'가 성과의 속도를 결정했다. 하지만 지금은 '누가 더 정확하게 연결하느냐'가 성과의 방향을 결정한다.

깐깐한 상사도, 꼰대도 이미 같은 함정에 빠진다. 둘 다 '내 언어'로 조직을 움직이려 한다는 점에서 그렇다. 그런데 무대가 바뀌었다. 주연이 바뀌었다. 지금 조직의 주역은 MZ 세대다. 그들의 언어와 행동 양식을 이해하지 못하면, 리더는 좋은 의도를 가지고도 오작동한다.

이 시대 리더는 카리스마를 과시하는 사람이 아니라, 부드럽지만 단단하게 팀을 목적지까지 데려가는 코치여야 한다. 코치가 해야 할 일은 단순하다. "가르치는 것"이 아니라 "도착하게 하는 것." 그리고 그 출발점이 바로 소통이다. 소통은 '친절'이 아니라 '성과를 만드는 기술'이다.

'나를 따르라'가 아니라 '먼저 다가가라'

전환의 시대에 소통의 힘을 증명한 사례는 의외로 가까운 곳에 있다. 전 베트남 축구 국가대표팀 박항서 감독은 언어가 달라 선수들과 생각을 주고받기 어려웠던 상황에서, 먼저 다가가 마음을 얻는 방식을 택했다. '4강 신화'의 성공담을 주입하기보다, 상대의 리듬을 읽고, 신뢰를 먼저 쌓고, 팀이 같은 방향으로 움직이게 만들었다. 해외 경기를 마치고 귀국길 비즈니스석을 부상 선수에게 양보하고 자신은 이코노미석으로 선수들과 함께 돌아왔다는 일화가 상징하는 건, 희생이 아니라 관계 설계다. 그 결과, 선수들은 그를 '파파 리더'로 받아들였고 전술은 실행력이 되었고, 실행력은 결과가 되었다.

패션 현장도 다르지 않다. 오프라인은 더 이상 절대 강자가 아니고, 온라인은 더 이상 보조 채널이 아니다. 백화점은 해외 브랜드의 각축장이 되었고, 면세는 외부 변수에 흔들리며, 아울렛과 e-커머스는 고객의 선택지를 무섭게 넓혔다. 이 환경에서 "내가 정답을 아니까 따라와."라는 리더십은 빠르게 무력화된다. 정답이 없는 게임에서 정답을 외치는 리더는, 결국 팀을 침묵하게 만든다.

그래서 필요한 것이 '부드러움'이다. 그러나 여기서 말하는 부드러움은 유약함이 아니다. 부드러움은 소통의 설계 능력이고, 단단함은 기준의 일관성이다. 전환의 시대에서 리더는 이 두 가지를 동시에 지니고 있어야 한다.

MZ와 소통하는 조직력, 세 가지 핵심 장착

2021년 말, 'MZ 세대가 진짜 회사에 원하는 것'에 대한 조사 결과가 여러 기업에서 공유되었고, 그 내용은 현장에서 체감되는 현실과 맞닿아 있다. 요약하면 세 가지다. 있는 그대로 인정, 자율성 기반의 신뢰, 언어로 표현되는 진심. 이 세 가지는 '세대의 취향'이 아니라 '조직의 생산성'과 직결되는 구조다.

첫째, 있는 그대로 봐야 한다.

사람은 누구나 자신의 경험을 기준으로 타인을 판단하는 '자아 중심성'을 가진다. 문제는 리더가 그 기준을 '정답'이라고 착각할 때다. MZ 세대는 특히 '틀렸다'고 가르치려 드는 순간, 대화 자체가 종료되는 경향이 있다. 그래서 질문의 문장 구조가 중요해진다.

"이건 이렇게 하세요."가 아니라 "이건 어떻게 하는 게 좋을까요?"

이 문장 하나가 리더십을 바꾼다. 가르침에서 합의로, 지시에서 참여로, 통제에서 실행으로 전환된다. 코치는 답을 주입하지 않는다. 답이 나오게 만든다.

둘째, 자율성을 줘야 효율감이 올라간다.

MZ 세대는 '신뢰받고 있다'는 감각이 없으면 몰입이 급격히 떨어진다. 자율성을 준다는 건 방치가 아니다. 리더의 역할은 '내가 원하는 사람'을 배치하는 것이 아니라 회사에 필요한 사람을 볼 줄 아는 눈을 갖추는 것이다. 구글의 HR 리더가 "채용 후 별도의 교육을 시키지 않는다. 이미 충분히 교육받은 사람들 중 우리가 필요한 사람을 볼 줄 아는 눈이 중요하다."라고 말한 지점은 시사하는 바가 크다.

결국 리더의 역량은 '통제'가 아니라 배치와 조합이다. 자율성을 준 조직이 성과를 내는 이유는 단순하다. 사람은 통제받을 때 '일'을 하고, 신뢰받을 때 '책임'을 다하기 때문이다.

셋째, 언어로 표현되는 진심이 성과를 만든다.

MZ 세대는 공정한 피드백이 없으면 '관심이 없다'고 느낀다. 여기서 공정함이란 '따뜻함'만도 아니고 '차가움'만도 아니다. 핵심은 분명하고 빠른 피드백, 그리고 과정과 결과에 대한 인정이다.

정치인의 선심성 언어처럼 남발되는 칭찬도, 상대의 가슴에 비수를 꽂는 냉철한 단어도 피해야 한다. 조직의 언어는 감정이 아니라 신뢰의 자산이기 때문이다.

흥미로운 포인트는, 이들에게는 성과급보다도 '내가 어떻게 평가받고 있는지'에 대한 피드백이 더 큰 동기 부여가 된다는 점이다. 즉, 리더가 말을 아끼는 순간, 팀은 해석을 시작하고, 해석은 불신으로 번진다. 소통을 '관리'가 아니라 '운영'으로 보아야 한다.

소통은 '관계'가 아니라 '전략'이다

전환의 시대에 소통이 필요한 이유는 도덕 때문이 아니다. 시대정신 때문이다. 오프라인/온라인 가격 정책을 어떻게 이원화할지, 어떤 상품을 어떤 채널에 배치할지, 브랜드별로 어떤 전략을 가져갈지. 이 모든 것은 현장에서 실행되어야 의미가 있다. 실행은 사람의 손에서 나온다. 결국 전략의 성패는 문서의 완성도가 아니라 조직의 실행력이 결정한다.

그리고 실행력은 '지시'가 아니라 '이해'와 '납득'에서 나온다. 그러니 소통은 마음 좋은 리더의 옵션이 아니라, 성과를 만드는 필수 장비다.

이제 질문은 이것이다.

나는 얼마나 자주 "왜?"라고 묻는가.

나는 얼마나 자주 "어떻게 하는 게 좋을까?"라고 팀에 묻는가.

나는 얼마나 자주 피드백을 '정확한 시간'에 제공하는가.

전환의 시대는 리더의 태도를 바꾸라고 요구하지 않는다. 리더의 언어를 바꾸라고 요구한다. 주역이 바뀌었기 때문이다. 지금 세대가 쓰는 언어를 배울 때, 리더는 비로소 코치가 된다. 부드럽지만 단단하게, 팀을 목적지로 데려가는 코치.

─────── **핵심 키워드**

- Humble Communication(겸손한 질문)
- Trust-based Autonomy(신뢰 기반 자율)
- Language as Leadership(언어가 리더십이다)

원본 글 출처

- 2021년 12월 27일, 「새해 MZ 세대와 소통하는 조직력 갖추기」
- 2019년 5월 30일, 「전환의 시대, 소통의 리더십이 필요하다」

37

결국 바꾸어야 하는 사람은 '나'다

세상은 바뀌었다. 고객도 바뀌었고, 조직의 리듬도 바뀌었고, 리더십의 기준도 바뀌었다. 그런데 어느 순간 문득 이런 상황을 마주한다. 환경은 이미 다음 페이지로 넘어갔는데, 나는 여전히 이전 페이지의 문법으로 일하고 있는 상황. 문제는 대개 "세상이 이상해졌다."가 아니다. "내가 그대로다."가 문제다.

그리고 이 사실을 인정하는 순간이, 변화의 출발점이다. 사람들은 말한다. "사람은 변하지 않는다." 나는 이 문장을 조금 다르게 해석한다. 변하지 않는 게 아니라 변하기가 어렵다. 그래서 변화를 실제로 해내는 사람은, 그 자체로 대단한 사람이 된다. 특히 리더에게 변화는 '선택'이 아니라 의무다. 리더의 역할은 잘하는 사람이 되는 것이 아니라, 팀이 잘하게 만드는 사람이기 때문이다. 이 장의 결론은 단순하다. 리더십의 마지막 관문은 '나'다. 결국 바꾸어야 하는 사람은 팀이 아니라, 조직이 아니라, 시대가 아니라, 나다.

어느 스포츠 프로그램에서 감독이 은퇴한 고참 선수에게 말한다. "그래도 우리는 프로인데, 고등학교 선수들에게는 지면 안 되는 거 아니냐." 선수는 담담하게 답한다. "감독님, 저희 이제 프로 아닙니다." 그러자 감독이 다시 묻는다. "출연료 받지 않아? 돈 받으면 프로지!" 많은 사람은 여기서 프로를 '돈'으로 정의하고 싶어 한다.

하지만 현실의 조직에서 프로를 구분 짓는 건 연봉이 아니다. 일에 임하는 자세다. 프로는 결과가 좋을 때만 프로가 아니다. 결과가 흔들릴 때도, 변명이 먼저 나오지 않는다. 핑계보다 책임의 언어가 먼저 나온다. 내가 부족했던 지점, 준비가 모자랐던 지점, 판단이 늦었던 지점을 먼저 돌아본다. 반대로 아마추어는 결과가 나쁘면 이유를 찾는다. 외부 탓, 환경 탓, 누군가 탓. "그럴 만했다."라는 설명이 길어진다.

리더가 이쪽으로 기울기 시작하면, 팀 전체는 빠르게 학습한다. 책임 회피가 생존 전략이 된다. 그리고 그 순간 조직은 망가지기 시작한다. 리더십이든 커리어든, 결국 마지막에 남는 건 "저 사람은 프로였다."라는 한 문장이다. 그 문장은 성과보다 오래간다. 그 한 문장을 얻는 방법은 단 하나다. 내 태도를 바꾸는 것. 그래서 이 장은 리더에게 묻는다. "나는 프로인가, 아마추어인가." 답은 말이 아니라, 내가 매일 선택하는 태도에서 나온다.

변화와 혁신은 매년 신년사에 등장한다. 그런데 조직은 자주 이렇게 반응한다. "뭘 더 바꾸라는 거지?" "우린 이미 충분히 열심히 하는데?" 변화를 '추가 업무'로 받아들이는 순간, 혁신은 부담이 된다. 그때 뜻밖의 곳에서 힌트를 얻는다.

세면대가 자꾸 막힌다. 약품을 써도, 수리를 받아도, 시간이 지나면 또 막힌다. 그러다 누군가 아주 단순하고 과감한 선택을 한다. 물마개를 통째로 빼 버린다. 그 안에서 큰 이물질이 나온다. 완벽한 해결책이 아니라, 현실적인 해결책이다. 물마개는 더 이상 쓰지 못하지만, 목적은 달성된다. 물이 시원하게 내려간다. 여기서 변화의 본질이 보인다.

좋은 변화는 새로운 걸 더하는 게 아니라, 막히게 하는 원인을 빼는 것이다. 즉, 버릴 것을 결정하는 순간부터 변화가 시작된다. 리더에게 이 질문이 필요하다. 내가 아직도 붙잡고 있는 '물마개'는 무엇인가. 그건 정말 필요한가, 아니면 익숙해서 남겨 둔 것인가. 조직이 막히는 원인의 상당수는, 내가 못 버린 것에서 시작되는 건 아닌가. 변화는 멋있는 선언이 아니라 결단의 기술이다. 더 어려운 건, 변화의 방향이 아니라 삭제다. 그러나 리더가 삭제를 하지 못하면, 조직은 늘 같은 곳에서 막힌다. 변화의 첫 단추는 "무엇을 바꿀까?"가 아니라 "무엇을 버릴까?"다.

위기는 늘 예상보다 먼저 온다. 그리고 위기 앞에서 리더의 민낯이 드러난다. 조직이 실망하는 이유는 실수 때문이 아니라, 실수 뒤의 태도 때문이다. 위기 리더십의 핵심은 네 가지로 정리된다. 리더십(현장), 판단력, 시스템 관리, 커뮤니케이션.

리더는 '현장에 먼저 들어가고, 마지막에 나오는' 사람이 되어야 한다. 말로만 책임을 말하는 리더가 아니라, 행동으로 기준을 보여 주는 리더여야 한다. 판단력은 운이 아니라 훈련의 결과다. 순간적 판단의 질은, 평소에 얼마나 준비했는지의 총합이다. 시스템 관리는 '다시는 같은 실수가 반복되지 않게 만드는 장치'다. 문제를 개인의 탓으로 끝내면, 조직은 다시 같은 사고를 낸다. 그리고 마지막이 커뮤니케이션이다. 위기 때 갑자기 소통하려 하면 늦다. 신뢰는 평소에 쌓아야 위기 때 작동한다.

이 네 가지는 사실 한 문장으로 수렴한다. 리더는 위기 때 더 '나'를 드러내는 사람이 아니라, 조직이 작동하도록 만드는 사람이다. 그리고 조직이 작동하게 만드는 첫 번째 전제 역시 내가 먼저 바뀌는 것이다.

리더는 조직의 분위기를 만든다. 더 정확히 말하면, 리더는 조직의 언어와 행동의 기본값을 만든다. 리더가 변명하면, 팀도 변명한다. 리더가 책임을 지면, 팀도 책임을 배운다. 리더가 버릴 것을 버리면, 팀도 실행이 빨라진다. 리더가 피드백을 주면, 팀도 성장한다.

그래서 마지막 결론은 강하지만 조용하다. 팀을 바꾸고 싶으면, 내 습관부터 바꿔야 한다. 그게 리더십의 마지막 단계다. 다음 장의 리더십은 결국 여기서 완성된다. "어떤 리더가 될 것인가."를 말하기 전에, "나는 어떤 사람이 될 것인가."가 먼저 정리돼야 한다. 리더십은 스킬이지만, 리더의 변화는 인격의 선택이다. 세상은 계속 바뀔 것이다. 사람도 계속 바뀔 것이다. 그 변화 속에서 흔들리지 않는 리더는, 변하지 않는 사람이 아니라 변화를 실행하는 사람이다. 그리고 그 변화의 첫 대상은 언제나 한 명이다. 나.

─────── **핵심 키워드**

- Professional Mindset(프로의 태도)
- Change by Subtraction(빼기의 혁신)
- Crisis-ready Leadership(위기 대응 리더십)

원본 글 출처

- 2024년 3월 10일, 「나는 과연 프로일까? 아마추어일까?」
- 2024년 1월 21일, 「세면대에서 얻은 통찰」
- 2014년 12월 29일, 「위기에 필요한 리더십」

38

항로의 최종 결정권: 캡틴의 리더십

Part V를 BRC 운영 매뉴얼로 다시 짜면서, 나는 마지막 네 장을 '리더십의 뼈'로 세우기로 했다. 깐깐한 상사의 시대가 저물고, 꼰대가 아니라 코치가 되어야 하며, 전환의 시대에는 MZ 언어를 장착해야 하고, 결국 바뀌어야 하는 사람은 '나'라는 결론까지. 이 흐름은 한 가지 메시지로 수렴된다.

리더십은 더 강해지는 기술이 아니라, 더 정교해지는 태도라는 것. 카리스마로 찍어 누르는 방식이 아니라, 기준과 리듬으로 조직을 움직이는 방식이 살아남는다는 것. 그리고 그 모든 전제 위에 마지막으로 남는 질문이 있다. "그렇다면 최종 결정은 누가 내리는가." 조직은 협력으로 움직이지만, 항로의 마지막 책임은 결국 캡틴에게 돌아온다. 이 장은 그 책임의 본질을 정리하는 '마지막 조타실'이다.

Part IV에서 나는 '관제탑 캡틴'의 표본으로 안나 윈투어를 다뤘다. 그녀는 패션 산업의 기류를 읽고, 의제를 만들고, 룰을 바꾸며, 수많은 이해관계자들을 같은 방향으로 정렬해 온 사람이다. 그런데 업종이 다르면 리더십의 원리도 달라질까? 나는 그렇지 않다고 믿는다.

테오 엡스타인,
'승리 구조'를 설계한 컨트롤 타워의 대표 사례

패션이든 스포츠든, 결국 캡틴의 최종 결정권은 '사람을 바꾸는 기술'이 아니라 '판을 바꾸는 설계'에서 나온다. 이 장에서는 그 설계를 가장 드라마틱하게 보여 준 인물, MLB 프런트 오피스의 전설로 불리는 테오 엡스타인(Theo Epstein)을 통해 '캡틴형 리더십'의 핵심을 회수해 보려 한다.

나는 지금까지 야구 이야기를 자주 언급했는데 야구는 선수 개인의 재능만으로 설명되지 않는 스포츠다. 한 시즌은 길고, 변수는 많고, 승부는 결국 구단 운영(Front Office), 즉 컨트롤 타워의 선택으로 갈린다. 그 교과서 같은 무대에서 엡스타인이 특별한 이유는 단순하다. 그는 '잘하는 팀'을 만든 게 아니라, 오랫동안 우승하지 못한 조직이 스스로를 의심하는 구조를 바꿨다.

컨트롤 타워의 본질은 사람을 바꾸기 전에 판을 바꾸는 데 있다. 테오 엡스타인은 2017년 미국 경제지 『포춘(Fortune)』이 선정한 '세계에서 가장 위대한 리더 50인'에 이름을 올렸고, 그해 리스트에서 1위로 소개되기도 했다. 스포츠 인물이 비즈니스 리더십 리스트의 최상단에 오른 건 우연이 아니다. 그의 업적은 '우승'이라는 결과를 넘어, 우승을 가능하게 만드는 시스템을 설계하고, 그 시스템이 조직의 언어와 습관을 바꾸게 만든 리더십이었기 때문이다.

야구를 잘 모르는 독자도 '저주'라는 표현은 들어 봤을 것이다. 보스턴 레드삭스의 '밤비노의 저주'와 시카고 컵스의 '염소의 저주'는 단지 미신이 아니다. 그것은 조직 전체에 누적된 실패의 관성이었다. 중요한 순간이 오면 스스로를 의심하고, 한번 삐끗하면 "우리는 원래 이래."로 결론 내리는 분위기. 실수의 책임을 개인에게 돌리면서도 정작 구조는 손대지 않는 문화. 이런 습관이 쌓이면 선수 한 명의 홈런으로는 바뀌지 않는다. 시스템으로만 가능하다.

보스턴 레드삭스의 '밤비노의 저주(Curse of the Bambino)'는 일반적으로 베이브 루스(Babe Ruth)를 뉴욕 양키스로 보낸 이후 시작됐다고 회자되며, 1918년 이후 오랫동안 월드 시리즈 우승을 하지 못한 기간을 상징한다.

2004년 월드 시리즈 우승: 긴 공백을 끝낸 순간,
그러나 핵심은 '우승이 가능한 구조'의 완성

레드삭스는 2004년 월드시리즈 우승으로 이 긴 공백을 끝냈다. 여기서 중요한 건 '86년'이라는 숫자 자체가 아니라, 그 숫자가 조직의 언어를 어떻게 바꾸는가다. 실패가 길어질수록 조직은 위험 회피로 굳어지고, 단기 처방에 익숙해지며, 결과만 남기고 과정의 개선을 미룬다.

컨트롤 타워가 해야 할 첫 번째 일은 실패를 운명처럼 받아들이는 조직의 습관을 끊는 것이다. 엡스타인은 야구 운영 책임자로서 팀을 재설계했고, 2004년 우승 이후에도 조직을 다시 정렬해 2007년 우승까지 이어지게 만들었다. '우승'보다 더 중요한 것은 '우승이 가능한 구조'였다.

시카고 컵스의 '염소의 저주(Curse of the Billy Goat)'는 1945년 월드시리즈 도중 염소를 둘러싼 사건에서 유래한 것으로 널리 알려져 있고, 컵스의 긴 우승 공백과 연결되어 이야기된다. 컵스는 1908년 이후 월드 시리즈 우승이 없었고, 2016년 우승으로 그 공백을 끝냈다. 108년은 "팀이 약했다."로 설명되지 않는다. 108년은 우승의 기억이 사라진 조직이다. 우승이 기억이 아니라 전설이 되면, 조직은 중요한 순간마다 흔들린다.

2016년 월드 시리즈 우승 이후 시카고 컵스

그래서 컵스의 과제는 단순히 전력을 강화하는 것이 아니라, 우승을 '가능한 일'로 믿게 만드는 시스템을 만드는 일이었다. 엡스타인은 데이터와 스카우팅, 선수 육성, 문화까지 아우르는 전면적 운영 철학을 구축했고, 감독·프런트·선수단이 같은 언어로 움직이는 구조를 강화했다는 평가를 받는다. 컨트롤 타워는 '잘 뽑는 사람'이 아니다. 잘 뽑히게 만드는 구조를 세우는 사람이다. 테오 엡스타인의 방식은 한 문장으로 요약하면 이렇다. "선수를 믿되, 선수에 걸지 않는다. 시스템을 믿되, 숫자에만 매달리지 않는다." 그가 보스턴과 시카고에서 반복적으로 보여 준 전략은 크게 세 갈래로 정리된다.

우승의 확률을 올리는 구조를 먼저 만든다. 선수 영입은 '필요조건'이지 '충분조건'이 아니다. 엡스타인은 조직의 판단 방식(데이터·스카우팅·육성·의사 결정)을 정렬해 단발적 성과가 아니라 지속 가능한 승리 확률을 키우는 방향으로 프레임을 바꿨다. 결정의 기준을 조직 전체가 공유하게 만들었다.

컨트롤 타워가 흔히 실패하는 이유는 '나만 알고 있는 기준'이다. 그 기준은 리더가 바뀌는 순간 무너진다. 엡스타인은 감독, 프런트, 분석, 육성, 선수단이 같은 언어를 공유하도록 만드는 데 집중했고, 장기 리빌드에서 특히 큰 힘이 됐다. 데이터와 사람을 동시에 다룬다.

컨트롤 타워는 숫자를 보면서 동시에 사람을 봐야 한다. 숫자는 방향을 잡아 주지만, 사람이 움직이지 않으면 항로는 실행되지 않는다. 엡스타인의 설계가 설득력 있는 이유는 숫자에 강하면서도 '조직의 심리'를 함께 다뤘기 때문이다.

안나 윈투어가 '산업의 관제탑'이라면, 테오 엡스타인은 '승리 구조를 만든 관제탑'이다. 윈투어는 의제와 취향, 네트워크를 통해 산업의 방향을 만들었다. 엡스타인은 데이터와 시스템, 문화 설계를 통해 승리의 확률을 높였다. 언어는 다르지만, 둘의 공통점은 선명하다. 둘 다 '현장에서 잘하는 것'이 아니라 '현장이 잘하게 만드는 구조'를 만들었다.

Part Ⅳ에서 정리한 캡틴의 능력치로 다시 환원하면 더 명확해진다. 기본 실력은 복잡한 상황을 언어로 설명하고 선택의 근거를 제시하는 능력이다. Maneuver는 단기 성과에 매달리지 않고, 목적과 연결이 있는 움직임으로 판을 조정하는 능력이다. 전환율 네트워크는 사람을 움직여 실행을 끌어오고, 그 연결을 성과로 반환하는 능력이다. 멀티플레이어는 여러 언어를 이해해 조직을 정렬하는 능력이다.

리더십은 흔들리는 순간에 원칙과 리듬을 다시 세팅하는 능력이다. 원투어와 엡스타인은 이 다섯 가지를 서로 다른 방식으로 증명한 캡틴들이다. 엡스타인의 '저주'는 미신처럼 들리지만, 커리어에서 저주는 아주 현실적이다. 반복되는 실패의 습관, 바뀌지 않는 구조, 설명되지 않는 결정이 사람을 갉아먹는다. 캡틴의 리더십은 그 저주를 끊는 역할이다. 그리고 그 역할은 결국 한 문장으로 귀결된다.

바로 "항로는 운이 아니라 설계다."라는 것이다. 현장에서 뛰는 능력으로 커리어를 시작했다면, 언젠가는 판을 움직이는 능력으로 커리어를 완성해야 한다. 안나 원투어가 산업의 기류를 읽어 관제탑을 세웠듯, 테오 엡스타인은 승리의 확률을 올리는 구조를 설계했다. 업종이 달라도 캡틴의 원리는 같다. 기준을 세우고, 리듬을 만들고, 사람과 시스템을 정렬해 '다음 시즌에도 작동하는 항로'를 남기는 것. 그것이 항로의 최종 결정권을 가진 캡틴의 리더십이다.

그리고 마지막으로, Part V의 결론을 다시 한번 내 언어로 확인한다. 깐깐함을 내려놓고 협력의 리더십으로, 가르침을 멈추고 코칭으로, 세대의 언어를 학습하고, 무엇보다 내가 먼저 바뀌는 것. 이 네 가지가 갖춰진 순간, 캡틴의 최종 결정은 독단이 아니라 '설명 가능한 기준'이 된다. 그 기준이 조직을 살리고, 다음 항해를 가능하게 한다. 여기까지가 내가 배운 캡틴의 리더십이며, 내가 남기고 싶은 항로의 마지막 좌표가 아닐까 한다.

───── **핵심 키워드**

• 테오 엡스타인 • 캡틴 • 컨트롤 타워

Appendix

Career Play

1

커리어는 함수식이다

나는 30년간 일을 하면서 한 가지 확신을 갖게 된 부분이 있다. 커리어는 '직선'이 아니라 함수라는 것. 같은 노력을 해도 결과가 다르고, 같은 실력을 갖춰도 기회가 달라진다는 사실이다.

그 차이를 운으로만 설명하면 마음이 먼저 지친다. 반대로 구조로 설명하면 관리가 가능해진다. 내 뜻대로 굴러가지 않는 것들이 분명히 존재한다 해도, 내가 컨트롤할 수 있는 값들을 올바르게 조정하면 결과의 확률은 올라간다. 이게 내가 말하는 '커리어 함수식'의 출발점이다.

내가 정의하는 커리어 함수의 핵심은 단순하다.

커리어는 상수(기본 실력) + 변수(경험·관계·확장)가 결합해 결과가 달라지는 함수식이다. 그리고 이 함수식은 '정답'을 맞히는 공식이 아니라, 내 커리어를 점검하고 조정하기 위한 계기판이다.

1) 상수: 바닥을 결정하는 값(기본 실력)

상수는 쉽게 바뀌지 않는다. 그래서 더 중요하다.

여기서 말하는 상수는 학벌이 아니라 공부를 통해 쌓인 사고력과 언어, 기초 소양이다. 읽고 이해하고, 정리하고, 설명하고, 결정을 뒷받침하는 능력. Part IV의 17장에서 말했듯이 상수는 곧 '선택의 질'을 만든다.

상수가 약하면 변수를 아무리 늘려도 불안정하다.

반대로 상수가 단단하면 변수는 성장의 가속 장치가 된다.

- 고3~대4의 7년은 '기본 실력의 바닥'이 된다.
- 유학, 현장 연마, 전문 과정(예: CFO 과정)은 상수를 두껍게 만든다.
- 상수의 본질은 '지식의 양'이 아니라 생각의 체력(사고력·언어·설명력)이다.

내가 FIT를 준비하던 시절, 유학은 멋을 내기 위한 장식이 아니었다. 그 때 내게 유학은 '언어를 갖추는 일'이었다. 수업을 듣고 싶으면 들어야 했고, 일을 하고 싶으면 설명해야 했다. 그 과정에서 남은 것은 학벌이 아니라 내가 나를 운영할 수 있다는 감각이었다. 그 감각이 결국 항로를 판단하는 능력이 됐다.

2) 변수: 성장의 속도를 결정하는 값(관리 가능한 값)

변수는 관리할 수 있다. 관리한다는 건 '통제한다'기보다 '확률을 올리는 방향으로 조정한다'는 뜻이다.

내가 말하는 변수는 크게 네 가지다.

- 경력의 깊이(연차의 밀도)
- 네트워크(신뢰 기반 연결)

- 영역 확장(언어의 폭)
- 타이밍(시장/조직/역할의 창)

많은 후배들이 변수를 '이직 횟수'로 착각한다. 이직은 변수일 수 있지만, 그 자체가 성장의 증거는 아니다. 변수를 키운다는 건 결국 책임의 범위를 키우는 것이다.

'내가 무엇을 해 봤는지'가 아니라 '내가 무엇을 끝까지 책임질 수 있는지'가 커질 때 변수는 제대로 작동한다.

3) 함수가 커질 때의 패턴: 점이 아니라 선이 되는 순간

커리어는 어느 순간부터 기하급수적으로 커진다. 그 순간은 대개 이 조건이 맞을 때 온다.

- 상수(기본 실력)가 일정 수준을 넘고
- 변수가 '흩어진 점'이 아니라 '연결된 선'이 될 때
- 즉, 종착역(목표)이 생겨 경력이 하나의 스토리로 설명될 때

사람은 스펙으로 신뢰받지 않고 설명 가능한 경력으로 신뢰받는다고 앞에서 강조했다. 면접에서 가장 강한 사람은 말을 잘하는 사람이 아니라, 자신의 선택을 한 줄로 정리하는 사람이다.

'왜 그때 그 선택을 했는지'가 설명되고, 그 설명이 납득될 때 경력은 '깊이'가 된다. 깊이가 생기면, 네트워크가 붙고, 네트워크가 붙으면 기회가 붙고, 기회가 붙으면 다시 성과가 붙는다. 커리어는 이렇게 복리처럼 커진다.

이 4가지 질문에 답이 선명해지면, 커리어는 운이 아니라 운항이 된다.

- 나는 지금 상수를 키우는 구간인가, 변수를 키우는 구간인가.

- 내 변수는 '경험'인가, '이직'인가(둘은 다르다).

- 내 네트워크는 '친분'인가, '신뢰'인가.

- 내 영역 확장은 '잡일'인가, '언어 확장'인가.

4) 커리어 함수식 완성하기: TCP 공식의 의미

$$TCP = E + (X + P) \times N$$

- TCP(Total Career Point): 커리어 총점(현재 위치의 종합 지표)

- E(Education Years): 중학교 이후 교육/훈련 기간(상수에 가까운 값)

- X(Experience Depth): 경험의 깊이(총연차에서 이동·공백·낭비를 제외한 '밀도')

- P(Position Count): 리더/임원 포지션 인맥(나를 끌어 주는 힘)

- N(Network Multiplier): 산업 내외 네트워크의 '실행망'(연결이 아니라 실행을 만드
  는 곱셈 요인)

핵심은 이것이다.

- E는 '바닥'이다. 낮으면 어떤 변수도 불안정해진다.

- N은 '곱셈'이다. 그래서 네트워크는 장식이 아니라 가속기다.

- X와 P는 '책임의 이력'이다. 이 값이 커질수록 커리어의 완성도가 올라간다.

그리고 결론은 매우 현실적이다.

커리어는 상수도 아니고 변수도 아니다.

내가 각 값을 어떻게 '설계하고 운영하느냐'에 따라 결과가 달라지는 함
수식인 것이다.

5) 실력을 쌓는 7가지 원칙

이 장을 '실전 적용' 파트로 넘기려면, 여기서 원칙을 짧고 단단하게 박아 두는 게 좋다.

① 읽고 정리하는 능력은 끝까지 남는다(보고서/기획서/프레임).

② 언어는 실력의 상수다(영어/숫자/현장 언어).

③ 결정은 근거로 말해야 한다(감이 아니라 설명).

④ 성과는 반복으로 만든다(한 번이 아니라 시스템).

⑤ 약속은 네트워크를 만든다(친분이 아니라 신뢰).

⑥ 싫은 일을 통과해야 영역이 넓어진다(언어 확장).

⑦ 리더는 '판'을 본다(개인이 아니라 구조).

6) My TCP는?

- Mine = 10(유학 3년 포함 교육/훈련치) + (22 + 6) × 5
- = 10 + 28 × 5 = 150Points

교육/훈련(E)이 바닥을 만들고, 경험(X)과 포지션(P)이 책임의 총량을 만들고, 네트워크(N)가 그 총량을 시장 기회로 전환하는 속도를 만든다.

$$TCP = E + (X + P) \times N$$

※ 표기 정리: TCP(Total Career Points), E(Education), X(Experience), P(Position/Executive), N(Network)

변수 정의 (Inputs)	E(Education·상수): 중학교 이후 교육/연마 기간. 고3~대4 '7년'이 바닥. 유학·전문 과정은 상수를 두껍게 한다. X(Experience·연차의 밀도): 총연차가 아니라 '책임의 연차'. 단순 이동이 아닌, 끝까지 가져가 본 경험의 누적. P(Position·포지셔닝): 부서장/임원 경험 등 '판을 운영한' 횟수. 의사결정·리스크·사람을 함께 다뤄 본 이력. N(Network·신뢰 기반 연결): 업계/타 산업까지 확장된 신뢰의 실행망. '친분'이 아니라 '결과로 증명된 연결'의 폭.
설계 포인트 (Control Tower Mindset)	A. 운이 아니라 설계: 내 커리어는 '감'이 아니라 데이터·경험·관계로 관리 가능한 확률 게임이다. B. 실력을 쌓는 7가지 원칙: 읽기·쓰기·말하기·정리·실행·회고·루틴(반복)으로 상수를 지속적으로 강화한다. C. Connection&Positioning: 연결은 기회를 열고, 포지셔닝은 '왜 나인가'를 고정한다. 둘이 맞물려야 속도가 난다. D. N(네트워크) 활용법: 만남보다 '공유'(업데이트)와 '신뢰'(약속 준수). 네트워크는 필요할 때 꺼내는 자산이 아니라 평소에 운영하는 시스템이다. E. 함수식 완성하기: E를 두껍게 만들고, X를 밀도 있게 쌓고, P로 판을 넓히고, N으로 실행 속도를 높여라.
핵심 해석	상수가 약하면 변수는 불안정하고, 상수가 단단하면 변수는 성장의 가속 페달이 된다.
예시 계산 (샘플)	E = 10(유학 3년 포함) | X = 22 | P = 6(경영진/임원진 인맥) | N = 5(핵심 네트워크 클러스터) TCP = 10 + (22 + 6) × 5 = 150Points

──────── 메모: 숫자는 '자기 진단' 도구다. 중요한 것은 점수 자체가 아니라, 다음 분기(3개월)에서 E·X·P·N 중 무엇을 강화할지 결정하는 것이다.

2

리더십 무비관: 장면으로 배우는 캡틴의 결정

리더십은 대개 보고서와 회의실에서 배운다고 착각한다. 하지만 실제로 조직의 운명을 바꾸는 순간은 늘 '장면'으로 온다. 경보음이 울리고, 일정이 무너지고, 숫자가 꺾이고, 사람이 흔들릴 때. 그때 캡틴이 어떤 결정을 내리느냐에 따라 조직은 살아남기도 하고, 그대로 침몰하기도 한다. 그래서 나는 가끔 리더십을 교과서 대신 영화에서 복기한다. 영화는 결정을 압축해서 보여 준다. 그 압축된 장면은 때때로 우리가 현장에서 놓치는 본질을 더 선명하게 드러낸다.

아래 네 편은 서로 다른 캡틴들이 '결정의 순간'에 어떤 타입의 리더로 드러나는지, 그리고 그 결정이 어떻게 팀의 운명과 문화까지 바꾸는지를 아주 잘 보여 준다.

「Sully(2016)」는 '정답이 없는 순간'에 캡틴이 무엇으로 살아남는지 보여 주는 영화다.

영화「설리」

엔진이 멈춘 하늘 위에서 필요한 건 목소리 큰 카리스마가 아니다. 흔들리지 않는 침착함, 그리고 그 침착함을 떠받치는 근거다. 설리는 영웅이 되려 하지 않는다. 그는 단지 '살릴 확률이 가장 높은 항로'를 선택하고, 그 선택을 끝까지 실행한다. 진짜 리더십은 여기서 시작된다.

사고 직후 사람들은 박수를 치지만, 조직은 곧 묻기 시작한다. "다른 선택지는 없었나?" 이때부터 캡틴의 두 번째 싸움이 시작된다. 현장의 결단은 순간이지만, 리더의 책임은 사건 이후에 더 길게 이어진다. 결과로 칭송받는 것보다 어려운 건, 그 결정을 설명 가능한 언어로 증명하는 일이다. 결국 설리가 보여 주는 건 이거다. 리더는 '정답'을 가진 사람이 아니라, 불완전한 정보 속에서 최선의 선택을 하고, 사후에 그 선택을 설명할 수 있는 사람이다.

• 리더십 한 문장: 정답이 없을수록, 카리스마가 아니라 '근거 있는 침착함'이 조직을 살린다.

• 현장 적용 질문: 내가 지금 내리려는 결정은 '멋져 보이는 선택'인가, '살 확률이 높은 선택'인가. / 사후에 누가 물어봐도 30초 안에 설명할 '근거 3줄'이 있는가.

「The Perfect Storm(2000)」은 리더의 욕심이 얼마나 빠르게 조직을 위험에 밀어 넣는지를 보여 준다.

영화 「퍼펙트 스톰」

이 영화에서 캡틴의 출발점은 악의가 아니다. 생계, 책임감, '이번 한 번만'이라는 간절함이다. 조직에서도 이런 장면은 흔하다. 이번 시즌만 버티면 된다, 이번 분기만 채우면 된다, 이번 프로젝트만 따면 된다. 간절함은 분명 엔진이다. 하지만 엔진만 있고 항로가 없으면, 배는 속도를 낼수록 더 위험해진다. 폭풍은 언제나 외부에서 오지만, 침몰의 결정은 내부에서 만들어진다.

특히 위험한 리더는 능력이 없어서가 아니라, 리스크를 계산하지 않은 채 목표만 강요하는 리더다. 그는 팀의 피로와 공포를 '정신력'으로 덮고,

회복 가능성(Exit)을 닫아 버린다. 조직이 무너지는 순간은 폭풍이 세서가 아니라 '돌아갈 선택지를 스스로 없앴을 때'다.

패션 비즈니스에서도 똑같다. 무리한 물량, 무리한 마진, 무리한 납기, 무리한 확장. 한 번의 '욕심'이 신뢰를 깨면 회복 비용은 상상을 넘는다. 이 영화가 주는 메시지는 강렬하다. 욕심이 큰 리더는 팀을 살리기보다, 팀을 통째로 태풍 속으로 몰고 갈 수 있다.

• 리더십 한 문장: 간절함은 엔진이지만, 항로(리스크 관리) 없이는 조직을 재난으로 데려간다.

• 현장 적용 질문: 지금 목표를 밀어붙이면 '최악의 경우' 무엇을 잃는가, 그리고 복구 가능한가. / 내 계획에는 '철수 조건(Stop rule)'이 명시돼 있는가, 아니면 희망만 있는가.

「Morning Glory(2010)」는 '권한이 부족해도 팀을 살리는 리더'가 어떤 사람인지 보여 주는 영화다.

영화 「모닝 글로리」

주인공은 완벽한 카드도 없고, 전권도 없다. 대신 끝까지 물고 늘어지는 집요한 실행력과 사람을 움직이는 감각이 있다. 특히 이 작품이 재미있는 건, 현장이 매일 붕괴 직전이라는 점이다. 스타 진행자는 까다롭고, 조직은 관성에 젖어 있고, 결과는 당장 내야 한다. 여기서 리더십은 '가르침'으로 작동하지 않는다. 설득하고, 조정하고, 때로는 참고, 때로는 밀어붙이며 팀이 움직이게 만든다.

즉, 리더십이란 '멋진 말'이 아니라 '끝내는 능력'이라는 걸 웃기면서도 잔인하게 보여 준다. 중요한 포인트는 하나다. 성과를 만드는 사람은 늘 '열심히 하는 사람'이 아니다. 열심히는 기본값이고, 차이는 끝까지 가져가는 힘에서 난다.

주인공은 문제를 비난하지 않고, 피드백으로 바꾸고, 실행 단위를 쪼개서 매일 전진시킨다. 이건 코치형 리더십의 실전이다. 상대를 학생처럼 가르치기보다, 선수처럼 존중하면서도 결과를 만들어 내게 하는 운영 감각. 결국 조직은 '완벽한 리더'가 아니라 '끝내는 리더'의 힘으로 살아난다.

• 리더십 한 문장: 리더십은 '열심히'가 아니라 '끝내는 힘'으로 증명된다.

• 현장 적용 질문: 내가 지금 통제할 수 없는 것에 화내고 있나, 통제 가능한 '다음 한 걸음'을 쪼개고 있나. / 팀이 오늘 움직이게 만들 '딱 하나의 실행'은 무엇인가.

「Master and Commander(2003)」는 장기전의 리더십이 무엇인지 가장 정통적으로 보여 준다.

영화 「마스터 앤드 커맨더」

장기전에서 캡틴은 전략만 세우는 사람이 아니다. 그는 규율을 세우고, 문화를 만들고, 사기를 관리하고, 인재를 배치하고, 불확실성을 견디게 한다. 특히 이 영화의 매력은 '전투(전략)'와 '생활(문화)'이 분리되지 않는다는 데 있다. 장기전에서 조직은 전략이 아니라 생활 방식으로 굴러간다. 규율이 무너지면 전투력이 무너지고, 문화가 흔들리면 사기가 꺼진다.

캡틴은 결정을 내릴 때 단기 승리를 위해 장기 신뢰를 깨지 않는다. 반대로 장기 원칙을 위해 단기 현실을 무시하지도 않는다. 그 균형이 리더의 품격이다. 목표가 선명할수록 원칙이 단단해져야 한다는 말은, 사실 현장에서 가장 지키기 어렵다. 목표가 빡빡해질수록 편법이 유혹하고, 급할수록 규율이 느슨해지고, 성과가 흔들릴수록 책임을 아래로 떠넘기고 싶어진다. 하지만 장기전의 캡틴은 그 반대로 간다. 더 엄격해지는 게 아니라, 더 명확해진다. 무엇을 지키고 무엇을 포기할지, 어떤 문화가 우리를 살리는지.

결국 이 영화는 말한다. 장기전에서 리더는 '전략'과 '문화'를 동시에 설계하는 사람이라고.

이 네 편을 보고 나면 리더십의 결론은 이상하게 단순해진다. 정답이 없을수록 근거가 필요하고, 간절할수록 항로가 필요하며, 권한이 없을수록 실행이 필요하고, 장기전일수록 문화가 필요하다. 결국 캡틴의 결정은 성격이 아니라 구조를 드러낸다. 그리고 그 구조가 조직의 운명을 바꾼다. 다음 장면에서 선택해야 할 사람은 늘 리더다. 그게 캡틴의 자리다.

에필로그

멘탈이 강해야 하는 대한민국, 그래서 소신이 중요하다

원고를 여기까지 끌고 오면서 나는 자주 같은 장면을 떠올렸다. 거창한 성공담도, 영화 같은 반전도 아니다. 우리가 매일 지나치는, 너무 익숙해서 무뎌진 장면들이다.

비행기가 완전히 멈추기도 전에 벌떡 일어나 통로에서 짐을 꺼내려는 사람들, 횡단보도에서 사람이 건너는데도 빵빵거리는 운전자들, 차가 보이는데도 먼저 가려고 뛰는 보행자들, 문을 열어 주거나 잡아 주면 고맙다는 말 없이 그냥 지나치는 사람들, 엘리베이터 앞에서 누군가 뛰어오는 걸 보면서도 '닫힘' 버튼을 먼저 누르는 손.

'After you'보다 'I am first'가 더 자연스러운 나라. 양보와 배려보다 '내가 먼저'가 더 안전하다고 믿는 분위기. 부지런하지만 에티켓이 따라오지 못하는 속도. 팀이 이겼는지 졌는지보다 누가 골을 넣었는지, 누가 안타를 쳤는지만 궁금해하는 시선. 어시스트의 가치는 축소되고 과정은 사라진 채 결과만 기사 제목으로 남는 보도들.

나는 이 이야기를 누군가를 비난하려고 꺼낸 것이 아니다. 다만 이런 장면들이 쌓여 만들어 내는 공기의 무게를, 나는 '대한민국에서 산다는 의미'라고 부르고 싶었다. 빠르고 치열하고, 그래서 더 쉽게 지치는 나라. 모두가 열심히 산다. 문제는 그 열심이 때로는 서로를 밀어내는 방향으로 작동한다는 데 있다.

그래서 이 나라에서 커리어를 이어 간다는 건 단지 일을 잘하는 문제가 아니라, 멘탈을 지키는 기술의 문제이기도 하다. 패션 현장은 더 그렇다. 한 시즌의 성공이 다음 시즌의 부담이 되고, 한 번의 기획이 끝나기도 전에 다음 기획이 시작된다. 숫자는 잔인할 만큼 솔직하고, 일정은 잔인할 만큼 촘촘하다. 변명할 틈이 없다. 어떤 날은 능력보다 체력이, 체력보다 마음이 먼저 무너진다.

하지만 내가 말하는 멘탈은 강한 척하는 힘이 아니다. 무뎌지는 능력도, 버티기만 하는 단단함도 아니다. 멘탈은 오히려 흔들리더라도 방향을 다시 잡는 능력에 가깝다. 상처를 안 받는 사람이 아니라, 상처를 받아도 자기 기준으로 복귀할 수 있는 사람. 감정이 없어서가 아니라, 감정 위에 기준을 올려 둘 수 있는 사람. 이 책에서 내가 반복해 온 단어가 '소신'인 이유가 여기에 있다.

소신은 고집이 아니다. 현실을 무시하는 선언도 아니다. 바람을 인정하되 방향을 잃지 않는 것, 파도에 젖되 배를 버리지 않는 것, 떠나고 싶을 때 더 신중해지는 것. 속도가 빠른 곳일수록 방향을 잃기 쉽고, 방향을 잃은 속도는 사람을 더 빨리 소모시킨다. 그래서 멘탈을 지키는 핵심은 '더 세게 버티기'가 아니라 '복귀할 기준'을 갖는 일이다. 소신은 그 기준을 지켜 주는 내부의 나침반이다.

Part Ⅳ에서 나는 커리어를 '실전 운항 전략'으로 다시 정리했다. 감(感)으로 버티는 시대가 끝났다는 걸 인정하는 순간부터, 우리는 비로소 실력을 만들기 시작한다. 공부를 해야 '감'도 실력이 되고, 움직임이 많아질수록 이직은 충동이 아니라 설계가 되어야 하며, 관계는 쌓는 것이 아니라 전환되어야 하고, 한 우물의 깊이에 두 개의 언어를 더해 멀티플레이어가 되어야 오래간다. 이건 화려한 구호가 아니라, 현장에서 살아남는 생존 장비에 가깝다.

그리고 Part IV의 끝에서 나는 '관제탑 캡틴'을 보여 주기 위해 안나 윈투어를 호출했다. 그녀는 단지 감각이 뛰어난 사람이 아니라, 감각을 시스템으로 바꿔 산업의 리듬을 만들고, 사람과 이해관계자를 정렬시키고, 선택을 결정으로 바꾸는 사람이다. 업종이 달라도 리더십의 원리는 놀랄 만큼 닮아 있다. 결국 판을 움직이는 리더는 '사람을 바꾸는 기술'보다 '판을 바꾸는 설계'로 증명된다.

이번 원고를 다듬으면서 Part V는 더 크게 재배치되었다. 처음에는 내가 써 왔던 칼럼들을 그대로 쌓아 두고 '현장 인사이트'로 보여 주고 싶었던 마음이 있었다. 하지만 다시 펼쳐 보니, 시간이 바뀌어도 반복되는 신호들이 보였다. 그래서 Part V는 더 이상 '모음집'이 아니라, 캡틴이 현장에서 매일 마주치는 문제를 BRC 운영 언어로 정리한 매뉴얼로 바뀌었다.

브랜드는 무엇을 기준으로 흔들리지 않는가, 유통은 흐름을 읽고 어떻게 판을 짜야 매출이 살아나는가, 조직은 사람이 버티고 성장하게 만드는 리듬을 어떻게 설계하는가. 나는 이 세 축을 '배의 선체(Ship)-항로(Route)-선원(Crew)'의 언어로 다시 번역했다. 배가 단단해야 파도를 버티고, 항로를 읽어야 좌초를 피하며, 선원이 살아야 배가 멀리 간다. 그리고 바로 이 지점에서 마지막 파트, Coaching이 더 중요해졌다. 결국 배를 움직이는 건 시스템이지만, 시스템을 끝까지 굴리는 건 사람이다.

그래서 34장부터 37장은 '리더십을 잘하라'는 교훈이 아니다. 오히려 반대다. 리더십은 바깥으로 뻗는 기술이기 전에, 안에서 버티는 태도다. 카리스마는 시대정신이 아니고, 깐깐함이 곧 실력도 아니다. 팀은 점점 더 '지시'보다 '협력'으로 움직인다. 이제 리더에게 필요한 건 "내가 정답이다."가 아니라 "우리가 정답에 가까워지도록 판을 설계하자."라는 자세다.

선생님처럼 가르치는 리더가 아니라, 선수처럼 존중하고 끌어 주는 코치형 리더가 필요한 이유도 결국 같다. 지금 세대가 주역이기 때문이다. 그들이 쓰는 언어와 행동 양식을 이해하지 못하면, 리더십은 전달이 아니라 소음이 된다. 더 부드럽고 더 단단한 리더십은 친절함만으로 만들어지지 않는다. 존중이라는 태도, 피드백이라는 기술, 그리고 무엇보다 "내가 먼저 바뀌어야 한다."라는 결심이 함께 있어야 한다.

나는 다시 '대한민국'이라는 바다로 돌아온다. 이 바다는 빠르다. 경쟁은 치열하고, 평가의 주기는 짧고, 사람들은 바쁘다. 누구나 열심히 한다. 이 환경에서 커리어가 무너지는 이유는 대개 '실력이 없어서'가 아니라 '기준이 무너져서'다. 기준이 무너지면 말이 거칠어지고, 말이 거칠어지면 관계가 무너지고, 관계가 무너지면 실행이 멈춘다. 그러면 실력도 시스템도 무용지물이 된다.

그래서 나는 '따뜻한 컨트롤 타워'를 믿는다. 부드럽지만 기준이 분명한 리더십, 속도를 내되 안전을 놓치지 않는 리더십, 목소리만 큰 사람이 아니라 설명할 수 있는 사람, 밀어붙이는 사람이 아니라 리스크를 관리할 줄 아는 사람, 팀이 흔들릴 때 탓을 찾기보다 항로를 다시 그려 주는 사람. 'I am first'가 자연스러운 환경에서 그런 리더는 더 빛난다.

왜냐하면 그 리더가 있는 팀은 같이 일하기 '안전'해지기 때문이다. 조직은 위기일수록 안전한 카드를 쥔다. 능력이 조금 부족해도, 안전한 사람과 일하고 싶어 한다. 그 안전은 실력만으로 생기지 않는다. 태도와 기준에서 나온다.

나는 후배들에게 거창한 인생론을 강요하고 싶지 않다. 대신 아주 작은 선택들을 권하고 싶다. 한 박자 늦춰 보는 선택, 'After you'를 연습하는 선택, 어시스트를 기억하는 선택, 기사 제목이 아니라 맥락을 보는 선택. 이런 작은 선택들은 겉으로는 손해처럼 보이지만, 장기전에서는 신뢰가 된다. 신뢰는 커리어에서 가장 강한 복리다. 그리고 이 복리는 결국 네트워크의 전환율로 돌아오고, 실행의 속도로 돌아오고, 결정의 무게로 돌아온다.

마지막으로, 내가 인생에서 가장 아프게 배운 사실을 남기고 싶다. 사람 문제는 대부분 처음부터 신호가 있었다. 처음부터 아닌 사람은 대체로 아니었을 가능성이 높았고, 내가 아닌 것 같다고 느끼는데 주변에서 괜찮다고 하면 더 지켜봐야 했다.

이 말을 오해하지 않았으면 한다. 사람을 쉽게 재단하라는 뜻이 아니다. 다만 '내가 바꾸면 되겠지.'라는 마음으로 위험한 관계에 너무 오래 머무는 후배들을 많이 봤다. 커리어에는 회복 가능한 손실과 회복 불가능한 손실이 있는데, 사람 문제는 때로 회복 불가능한 손실로 커진다. 그래서 멘탈을 지키려면 감정이 아니라 기준으로 판단해야 한다. 이것이 소신의 역할이다.

사람은 변하지 않는다는 말이 있다. 나는 그 말이 맞다고 생각한다기보다, 그 말이 '얼마나 변하기 어려운지'를 증명한다고 생각한다. 그래서 변하는 사람은 대단하다. 무엇을 바꾸느냐보다, 어떻게 바꾸느냐가 더 어렵고, 그 어려움을 통과한 사람은 결국 더 좋은 리더가 된다. 세상도 변하고, 사람도 변했는데, 내가 그대로 가는 것이 문제라는 걸 인정하는 순간, 거기서부터 항로가 다시 그려진다.

이 책의 마지막이 리더십으로 닫히는 이유도 결국 그 때문이다. 리더십은 남을 바꾸는 기술이 아니라, 나를 먼저 바꾸는 결심에서 시작된다. 그리고 그 결심이 조직의 운명을 바꾼다.

이 책을 쓴 이유는 거창하지 않다. 당신이 오늘도 흔들리더라도, 내일 다시 방향을 잡을 수 있기를 바랐기 때문이다. 유행은 바뀌어도, 커리어의 방향은 내가 정한다. 그 문장을 멋으로 쓰지 말고 기준으로 쓰자. 세상이 빠를수록 나는 한 박자 늦춰 판단하고, 사람이 거칠수록 나는 더 정중하게 선택하자. 소신은 고집이 아니라, 흔들려도 다시 돌아오는 좌표다. 그 좌표만 지키면 커리어는 다시 움직인다. 그리고 결국, 내 항로는 내가 완성한다.

2024년 12월,
깐깐했던 나를 코치로 만들어 준 메트로시티 임직원분들이 준 기억

패션은 유행, 커리어는 소신

1판 1쇄 발행 2026년 4월 9일
지은이 정승기

교정 주현강　**편집** 차민정　**마케팅·지원** 조아라
펴낸곳 (주)하움출판사　**펴낸이** 문현광

이메일 haum1000@naver.com　**홈페이지** haum.kr
블로그 blog.naver.com/haum1000　**인스타** @haum1007

ISBN 979-11-7374-378-8(03320)